青少年探索文库

QingShaoNianTanSuoWenKu

中外著名体育明星的故事

刘爱婷　编

吉林人民出版社

图书在版编目（CIP）数据

中外著名体育明星的故事 / 刘爱婷编. — 长春：
吉林人民出版社, 2010.10（2021.3重印）
（青少年探索文库）
ISBN 978-7-206-07099-0

Ⅰ.①中… Ⅱ.①刘… Ⅲ.①优秀运动员—生平事迹
—世界—青少年读物 Ⅳ.①K815.47-49

中国版本图书馆CIP数据核字(2010)第192075号

中外著名体育明星的故事

编　　者:刘爱婷
责任编辑:门雄甲
吉林人民出版社出版（长春市人民大街 7548 号　邮政编码:130022）
印　　刷:三河市燕春印务有限公司
开　　本:700mm×970mm　1/16
印　　张:13　　　　**字数:**110 千字
标准书号:ISBN 978－7－206－07099－0
版　　次:2010 年 10 月第 1 版
印　　次:2021 年 3 月第 2 次印刷
定　　价:39.00 元

目　录

003

皮埃尔·德·顾拜旦：
现代奥林匹克之父

　　1863 年 1 月 1 日，顾拜旦出生于法国一个贵族家庭，承袭了男爵头衔。父母富足有知，培养了他多种爱好。童年时代，他在诺曼底度过，赛艇、击剑、骑马是他儿时的乐趣。青年时代，他志在教育和历史，先后入读巴黎政治学院和巴黎大学，获得文学、科学和法学三个学位。然而普法战争法国的战败，使他萌生了教育救国和体育救国的思想。

　　从 1883 年到 1887 年，他曾 4 次到英国考察教育。体育运动对英国国民素质和社会生活的深刻影响让他深有感触。回国后，他成为发展体育和改革教育的倡导者。1888 年，他发起成立了第一个"全法学校体育协会"，并出资设立了"皮埃尔·德·顾拜旦奖"。1890 年，他访问了奥林匹克运动的发源地——希腊的奥林匹亚，从此，创办现代奥运会成为他不懈努

力的目标。

1892 年，他在巴黎首次提出了"复兴奥林匹克运动"的口号。在他的奔波努力下，欧美国家一致恢复了奥林匹克运动的宪章。1894 年，国际奥林匹克委员会成立，著名希腊文学家维凯拉斯担任首任国际奥委会主席，顾拜旦出任秘书长，并于 1896 年在希腊雅典召开了第一届奥林匹克运动会。顾拜旦亲自设计了现代奥运会的会徽和会旗。雅典奥运会后，顾拜旦当选第二任国际奥委会主席，至到 1925 年。他曾发表《教育制度的改革》、《运动心理之理想》、《英国教育学》等著作，其发展体育和改革教育的理念，产生了深刻的国际影响。他的《体育颂》引领我们的目光穿越美丽的希腊，在高山之巅感受曾经沉寂千年的古希腊奥林匹克文明。

1937 年 9 月 2 日，顾拜旦在瑞士日内瓦去世，他整整为奥林匹克运动奋斗了 54 年。按照遗嘱，他的心脏安葬在奥林匹克运动发源地——希腊奥林匹亚的科罗努斯山下。

斯皮里东·路易斯：
现代奥运史上首位马拉松冠军

1873 年 1 月 12 日，斯皮里东出生在雅典附近的马斯洛村。他从小就在山村以牧羊为生，后来当上了村里的送水工，每天都要推着水车走几英里路，这练就了他一双铁脚，但那时他还没有做过冠军梦。

1896 年，首届现代奥运会在希腊举行，马拉松这一彰显古希腊英雄主义精神的比赛项目得到希腊人的热烈响应，斯皮里东也报名参加了比赛。这届奥运会的马拉松跑是按照古希腊的英雄菲力匹得斯从马拉松跑至雅典报捷的路线进行的。比赛前夜，参赛选手被马车送到马拉松桥的一家旅店。当夜，斯皮里东斋戒祈祷；第二天比赛之前，他吃了一整只鸡，补充斋戒时消耗的体能。比赛开始时，法国人和澳大利亚人交替领先，斯皮里东则默默跟随。到了后半程他逐渐加速，从容地超过了

所有选手，最终以领先 7 分钟的优势赢得冠军。

当身着浅蓝背心的斯皮里东第一个跑进体育场时，10 多万观众发出雷鸣般的欢呼声。雅典奥运会总裁判、希腊王储康斯坦丁冲向跑道，陪着他跑到终点；国王乔治一世也走下观礼台，迎接这位凯旋的民族英雄。人们的欢呼声、掌声久久不能停息。成千只系着希腊国旗和彩带的鸽子飞向天空为英雄贺喜。但赛后斯皮里东没有接受高官厚禄的殊荣，而是平静地回到家乡当了一名乡间邮递员，和妻儿一起过着清贫的生活。40年后，他以特邀嘉宾的身份参加了 1936 年柏林奥运会的开幕式。1940 年，他平静地告别了这个世界。人们为了纪念他，在他的墓碑上刻下了奥林匹克五环的标志。

阿拉达尔·格雷维奇: 现代奥运史上最出色的剑客

1910 年 3 月 16 日,格雷维奇出生在匈牙利亚斯贝雷尼市,他从小就非常喜欢击剑运动。

从 1932 年至 1960 年,他在 6 届奥运会上获得 10 枚奖牌,是奥运会历史上唯一一名 6 次夺得同一项目金牌的运动员。1932 年洛杉矶奥运会,他首次参加奥运会,与队友一起夺得男子佩剑团体金牌。在 1936 年柏林奥运会上,他和队友再次蝉联佩剑团体冠军,并夺得 1 枚佩剑个人铜牌。随后第二次世界大战爆发,两届奥运会被取消,格雷维奇也失去了展示他精湛剑术的舞台。

1948 年战后的首届奥运会在英国伦敦举行,38 岁的格雷维奇第 3 次蝉联佩剑比赛的团体金牌,还首次夺得佩剑个人比赛的金牌。他继续参加了 1952 年赫尔辛基、1956 年墨尔本和

1960 年罗马奥运会，夺得男子佩剑团体比赛的 3 枚金牌和个人比赛的 1 银 1 铜，将自己的奥运会奖牌增加到 10 枚。此外，他还参加过 7 届世锦赛，获得 9 金 2 银 2 铜。

他退役后成为一名击剑教练，并培养出一大批世界一流的击剑选手。为表彰他在国际击剑运动中做出的卓越贡献，国际奥委会在 1988 年授予他奥林匹克勋章。1991 年 5 月 14 日，格雷维奇逝世于布达佩斯。

杰西·欧文斯:
奥运赛场的"黑色闪电"

　　1913 年 9 月 12 日，欧文斯出生在美国丹维尔，是土著黑奴的后裔。他从小就喜欢足球和橄榄球，极具运动禀赋。迫于家境贫寒，他能选择的运动只有不需要任何费用的跑跳项目。9 岁时，他随家迁居克里夫兰，后来就读于一所技术学校，在那里他遇到了发现他运动天赋并改变了他一生的良师益友——查尔斯·里雷。

　　1933 年，他参加全美中学生运动会，连创 4 项全国纪录，优异的成绩使他成为高中的田径明星。不久他作为"体育尖子生"被俄亥俄州大学录取，投师于著名教练斯尼特尔门下。1935 年在全美大学生运动会上，他在 70 分钟内 5 次打破 4 项世界纪录，所创下的 8 米 13 的跳远成绩保持了 25 年之久，瞬间轰动体坛。从那时起，体育成为他的全部。

1936 年在柏林奥运会上，他有如田径赛道上的一抹"黑色闪电"，一举夺得 4 项金牌，粉碎了希特勒想利用奥运会标榜"种族优越论"的阴谋，并与德国选手鲁茨·朗结下了君子之谊。当希特勒气急败坏地离场拒发奖杯时，他说："我到柏林不是来与什么人物握手的，我是来夺金牌的，现在这个目的已经达到，这就足够了。"他赢得了金牌也赢得了道义，11 万德国观众为之欢呼，他成了柏林奥运会的英雄，人们把柏林奥运会称为"杰西·欧文斯奥运会"。然而，载誉而归的欧文斯没有逃脱遭受歧视和失业的窘境，直到上个世纪 50 年代后，他的生活才渐有起色。1955 年他曾受邀担任美国负责体育运动的官员。

1980 年 3 月 31 日，欧文斯因肺癌与世长辞。芝加哥大学为他举行了隆重的葬礼，在他的灵柩上覆盖着一面奥林匹克五环旗。

埃米尔·扎托佩克：
人类长跑火车头

1922 年 9 月 19 日，扎托佩克出生在前捷克斯洛伐克的一个小村庄。19 岁时他参加了一次越野比赛，在没有任何准备的情况下，他出人意料地获得第二名，此后他开始了正式的体育训练，并逐渐成为人们关注的一匹"长跑黑马"。他采用前人从未用过的间歇训练法，每天在训练中先跑 5 个 200 米，再跑 25 个 400 米，最后跑 5 个 200 米，经过大运动量的艰苦训练，他的成绩突飞猛进。

1948 年在伦敦奥运会上，他摘得 1 万米金牌并打破纪录，从此开始在长跑项目上独领风骚，同时他也收获了自己的爱情。4 年后，在赫尔辛基奥运会上，他以绝对的实力力挫群雄，一周之内包揽了全部三项长距离跑冠军，并创下奥运会新纪录，达到运动生涯的"鼎盛时代"。在马拉松赛中，他的竞

争对手英国的皮特斯因体力不支退出比赛，马拉松赛几乎成了他一个人的表演。当他第一个跑进体育场时，全体观众纷纷起立，欢呼他的名字。牙买加的几名选手甚至把他托起来，绕赛场一圈为他庆祝胜利。后来，人们把这届奥运会称为"扎托佩克奥运会"。

1956 年他在墨尔本奥运会上第 6 次夺得马拉松金牌后，宣布退役。2000 年 11 月 22 日，扎托佩克去世，成千上万的人在布拉格街头为他送别。

阿德玛·达西尔瓦:
风靡世界的三级跳之王

1927 年 9 月 29 日,达西瓦尔出生在巴西的圣保罗。他有很好的跳远天赋,但青少年时期,他把主要精力都放在了学习和工作上,没有最大限度挖掘自身的运动潜力。1948 年,达西尔瓦首次参加奥运会的三级跳远比赛,名落孙山的失利使他意识到只有进行艰苦系统的训练,才能取得优异的成绩。经过两年艰苦的训练后,达西尔瓦又开始出现在比赛场上。

1950 年到 1956 年间,他保持了 60 场比赛连胜的纪录。1950 年,他平了田岛直人创造的世界纪录,威震世界体坛。此后,他遇到了对他产生重大影响的德国教练盖尔纳。为了提高他的成绩,盖尔纳教练将他的跳远模式改为"右—右—左",他开始练习左腿起跳,通过跳高练习增强腿部力量,他的成绩得到大幅度提高。1951 年,他以 16.01 米的成绩第一次打破了

世界纪录。在 1952 年的赫尔辛基奥运会上，他两度打破自己保持的世界纪录，夺得冠军。1955 年在墨西哥城，他以 16.56 米的成绩第 3 次打破世界纪录。1956 年他以 16.35 米的成绩蝉联奥运会三级跳远冠军。

　　1960 年，33 岁的达西尔瓦在奥运会失利后，退出田坛。1982 年国际田联向他颁发了特别奖章。

弗拉基米尔·库茨：
前苏联著名长跑运动员

013

1927 年 2 月 7 日，库茨出生在前苏联的阿列克西诺。他从小就酷爱体育运动，尤其是滑雪和长跑。二战时他被抓到德国当劳工。在美军进入德国后，曾加入美军；后来又加入前苏联海军，是二战中唯一一个既在美军又在苏军中当过兵的苏联人。

在部队他坚持体育锻炼，在一次越野跑比赛中他战胜了所有人，这使他信心大增。1952 年，他首次参加国家田径比赛，做好必胜准备的他结果名落孙山。面对惨痛的失败，他没有失去信心，又投入到艰苦的训练当中。他采用了大运动量的方式，加强了训练的难度，常用比赛的速度去练习。功夫不负有心人，1954 年 8 月在瑞士的伯尔尼举行的欧洲田径锦标赛上，他首次打破了 5 000 米的世界纪录，夺得第一块大赛金牌。

　　1956 年在奥运会上，他击败了上届冠军扎托佩克，夺取 5 000 米和 1 万米两块金牌，并打破了这两个项目的奥运会纪录，成为奥运会的英雄。1957 年，他在罗马以 13 分 35 秒的成绩创造了 5 000 米的世界纪录，直到 8 年后这个成绩才被澳大利亚人克拉克刷新。

　　1959 年，库茨宣布退役。1975 年 8 月 16 日，他在莫斯科辞世。

戈尔迪·豪：世界"冰球先生"

　　1929 年 3 月 31 日，豪出生于加拿大一个牧民家庭，从小他就跟随父亲在牧场里劳动，练就了超强的臂力和腕力。5 岁时他开始冰球训练。18 岁他加盟美国冰球劲旅底特律的红翼队，从此开始了 33 个赛季的职业生涯。充沛的体力和极强的天分确立了他在场上的主导地位。

　　从 1948 年到 1956 年，他在红翼队连续出场 7 个赛季，4 次率队夺得斯坦利杯，在那个冰球运动以防守为主、得分难而严格的时代，豪以进攻和得分多而出众。他的老对手、著名球星理查德曾称赞豪说"他在场上一切皆有可能"。在 1968-1969 赛季，年过 40 岁的豪同队友亚历克斯和弗兰克合作，打出了年轻时期的水平，首次击中 100 点（44 次守门和 59 次进攻）。后来因腕部严重受伤，他曾一度放下球杆。1972 年他加

入休斯顿飞行队，率队连续夺冠。1974 年他赢得了"戴维森杯"，被评为最有价值的世界冰球协会运动员。第二年"戴维森杯"改为"戈尔迪·豪杯"。1980 年豪加入了底特律的毒蛇队，参加当年全部 80 场决赛，最终赢得比赛。

30 多年的冰球生涯，他少了 7 颗牙齿、皮肉破裂缝过 400 多针、甚至还因别人的冲撞而引起视网膜脱落，但这一切从未让他放弃心爱的球杆。他在赛场上认真严谨而又有良好的道德风尚，曾和年轻的冰球运动员韦恩·格雷茨基结为忘年交。1997 年，他参加了职业生涯的最后一场比赛。2007 年 4 月 10 日，豪在乔路易斯竞技场为自己的新铜像揭幕。

鲍里斯·沙赫林：
前苏联的"体操铁人"

1932 年 1 月 27 日，沙赫林生于前苏联西伯利亚的鄂木斯克。他父母早逝，从小跟着爷爷奶奶在鄂木斯克附近的小镇伊希姆生活。他 12 岁起练体操，16 岁进入体育学校，之后又考入基辅体育文化研究院。1954 年沙赫林入选国家队，同年获全苏冠军和欧洲冠军称号。

上个世纪 60 年代，沙赫林在前苏联体操队中是绝对主力。他最精彩的表现是在 1960 年的罗马奥运会上，一举夺得 4 金 2 银 1 铜，成为当届奥运会的最佳运动员。他自己最看重的是单杠铜牌，因为在决赛中他是流着血完成了所有动作，能得到铜牌已实属不易。当他在 1964 年东京奥运会上获单杠金牌时，已经 32 岁了，他的卓著成就和拼搏精神使他荣获了列宁勋章。他的过人之处在于他的专注力，素有"铁人"之称。为登上个

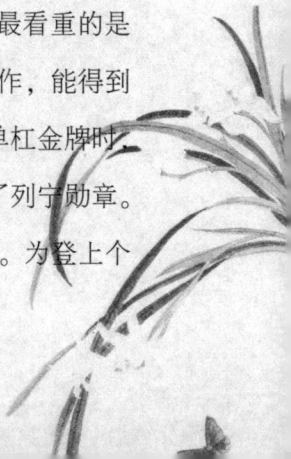

人全能世界冠军的宝座，训练中他扬长避短，终于在 1958 年莫斯科世锦赛上夺冠，还获得鞍马、单杠、双杠和团体 4 项冠军。他的晚年生活并不容易，当他的兄弟在 2000 年过世时，由于经济条件不好，他不得不卖掉自己的奖牌以支付葬礼所需费用。

1966 年他退役后担任了国际体操官员，并于 2002 年入选国际体操名人堂。2008 年 5 月 30 日，他在乌克兰首都基辅逝世。

比尔·拉塞尔：
篮球史上最伟大的防守型中锋

  1934 年 2 月 12 日，拉塞尔生于路易斯安那的门罗，后随家搬到旧金山。在高中篮球队他表现并不突出，只是个毫不起眼的中锋，但出色的身体素质帮助他获得了旧金山大学的奖学金，此后拉塞尔开始爆发了。教练任尔波特把拉塞尔的身体素质和一套非常权威的防守理论结合在一起，使他掌握了防守观念和技术，也为他成为 NBA 超级巨星打下了良好基础。拉塞尔带领旧金山大学球队取得惊人的 56 连胜，获得了 1955 年和 1956 年两次美国大学生联赛（NCAA）冠军。

  1956 年在 NBA 选秀中，费尽周折拉塞尔进入"红衣主教"奥尔巴赫执教的波士顿凯尔特人队，当年 11 月他在墨尔本奥运会上成功夺冠后正式加盟球队，与海因·索恩等人创造了凯尔特人的"绿色王朝"，而他本人成为王朝的核心和基石。

他带领凯尔特人 11 次夺得 NBA 的总冠军，并创下 NBA 史上空前的八连冠（1959-1966 年），这成为后人无法超越的两座高峰。1966 年奥尔巴赫退休，拉塞尔兼任球员和教练，成为 NBA 历史上第一位黑人主教练，并带领球队再次连夺 2 次总冠军。

1969 年，拉塞尔在夺得第 11 次总冠军后退役。先后执教于西亚图超音速队和萨克拉门托国王队。1975 年，他被选入奈史密斯篮球名人堂。

拉里莎·拉蒂尼娜：
前苏联首席"体操皇后"

　　1934 年 12 月 27 日，拉蒂尼娜出生在前苏联赫尔松地区。她自幼接受严格的芭蕾训练，后转向体操。19 岁时她考入基辅工学院，曾设想从事工程师或教育家的工作，经过慎重考虑，她决定专心从事体操训练，于是从工学院转入体育学院。一年后，她在意大利世界体操锦标赛上，获团体操比赛金牌。

　　她几乎拿到了女子体操的所有奖项，是奥运史上夺得奖牌和金牌最多的选手，至今无人能够超越。1956 年在墨尔本奥运会上，她击败匈牙利的体操名将阿格奈什·凯莱蒂，夺得 4 金 1 银 1 铜，正式登基"体操皇后"之位。两年后她怀孕上阵，以绝对优势囊括了第 14 届世界体操锦标赛全能、高低杠、跳马和团体 4 项冠军。1960 年的罗马奥运会，她再次摘得 3 金 2 银 1 铜。两年后的世锦赛上，她囊括了除平衡木以外的其

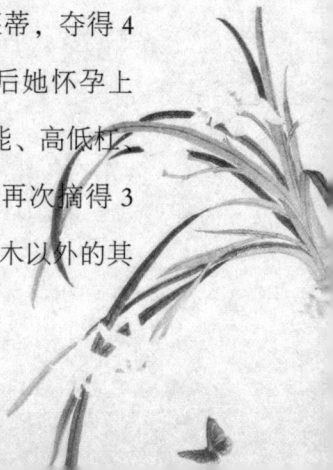

余全部 5 块金牌。1964 年，她在东京奥运会上，夺得 2 金 2 银 2 铜，并实现了奥运会团体和自由体操的三连冠。此外，在两届欧锦赛（1957 年、1961 年）上她获得了 7 枚金牌。

　　1966 年拉蒂尼娜退役。在 1967 年到 1977 年间，她担任前苏联体操队教练，多次率队出国参赛。1980 年莫斯科奥运会上，她担任了体操项目的赛事组织者。

阿尔弗雷德·厄特："铁饼之神"

1936 年 9 月 16 日，厄特出生于美国纽约布鲁克林。他的父亲是一名田径宿将，受父亲的影响，厄特从小就酷爱体育运动。由于他臂力过人，投掷项目也就成了他的特长。1954 年他进入堪萨斯大学练习铁饼，刻苦训练加上转体投掷技术的使用，他的成绩直线上升。1955 年他以 52.27 米的成绩创造了全国青少年纪录。

他在连续 4 届奥运会上实现了四连冠，尽管他每次都不是夺金的热门选手。1956 年在墨尔本奥运会上，他击败了当时铁饼老将戈迪恩，以 56.36 米的成绩获得金牌。4 年后，他以 59.18 米的成绩卫冕奥运会冠军。此后他又以 62.45 米、62.62 米的成绩两次改写世界纪录。1964 年的奥运金牌来之不易，他是在颈部和肋骨负伤的情况下忍着剧痛获得的，这也使之更

具有特别的意义。1968 年在墨西哥城奥运会上，他投出了个人的奥运最好成绩 64.78 米，成为现代奥运史上四连冠第一人，被誉为"铁饼之神"和"铁饼常青树"。此外，他还获得 1959 年泛美运动会的金牌并且 4 次打破世界纪录。

1970 年厄特离开田坛。1980 年奥运会前期，已经 40 岁的他掷出了 69.46 米的个人最好成绩，也是当年世界第二好成绩，轰动了世界田坛。1984 年在洛杉矶奥运会开幕式上，他成为手持奥林匹克五环旗率先入场的 8 名美国奥运明星之一。2007 年 10 月 1 日，厄特辞世。

威尔特·张伯伦："篮球皇帝"

　　1936 年 8 月 21 日，张伯伦出生于美国费城一个贫穷而有尊严的家庭。他刚出生时就有 74 厘米，比一般婴儿长 20 厘米。直到 15 岁，他最喜爱的运动还是田径，梦想有一天能成为长跑明星，那一年他已经长到了 2.08 米。他所在中学的篮球教练对他说："威尔特，跟着我练篮球吧，要不可惜了你的两条长腿。"此后，他开始了 21 年的篮球生涯。

　　在高中，他留下了 2 206 分的最高纪录和 90 分、74 分、71 分的单场得分纪录。而在那场得到 90 分的比赛中，有 60 分是下半场的 12 分钟内得到的。1955 年他进入堪萨斯大学，率领新生队以 81∶71 大胜老生队，他一人独得了 42 分、30 个篮板和 15 个盖帽，令整个堪萨斯大学为之震惊。1956 年他在美国大学生联赛（NCAA）处子秀中，率领校队以 97∶69 战

胜西北大学队，虽然在总冠军赛中堪萨斯大学以1分惜败，但表现出色的张伯伦依然获得了该季的最突出球员奖。然而，未夺冠军成了他40余年的隐痛。

1959年张伯伦正式进入NBA，穿上费城武士队的13号球衣。从此，NBA历史开始了张伯伦与拉塞尔两大巨人长达10年之久的精彩对决。1962年在与纽约尼克斯队比赛中，他创造了一个空前绝后的纪录——个人单场得100分。1965年他加盟费城76人队。1967年，他率领76人队在季后赛中淘汰拉塞尔的凯尔特人队，终结了后者的九连冠之梦，并最终淘汰勇士队问鼎总冠军。1972年，张伯伦率领洛杉矶湖人队再次问鼎总冠军。

1974年9月30日，他带着40多项NBA个人纪录退出篮坛，一个巨人的时代结束。至今为止他仍然牢固地保持着23 924个篮板球的最高纪录。1978年，他入选奈史密斯篮球名人堂。1999年10月12日，他因心脏病突发辞世。

道恩·弗雷泽:
游泳池中的"叛逆女王"

1937 年 9 月 4 日,弗雷泽出生于悉尼。她是家里八个孩子中的老小,因为患有先天性哮喘病,她 6 岁开始学习游泳来改善呼吸道。哮喘病没有让她变得弱不禁风,水中乐趣反而使她爱上了游泳,游泳生涯也从此开始。1955 年,18 岁的她包揽了澳洲所有自由泳项目的冠军。

1956 年,弗雷泽打破了尘封 20 年之久的女子 100 米自由泳世界纪录。同年在墨尔本奥运会上,她刷新了自己保持的100 米自由泳纪录,获得第一枚奥运金牌。随后,她与队友在 4×100 米自由泳接力赛中再次夺金。1960 年,她在罗马奥运会上蝉联了 100 米自由泳金牌。而此时,她特立独行的个性也开始显露出来。夺冠后她脱掉了澳大利亚队统一的绿色队服,穿着自己喜欢的白色运动服登上了最高领奖台。两年后,她再次

打破 100 米自由泳的世界纪录，以 59 秒 9 的成绩成为首位突破"1 分钟大关"的女选手。1964 年她又把这一纪录改写为 58 秒 9，并一直保持到 1972 年。

在 1964 年东京奥运会前 5 个月，一场严重的车祸夺走了她母亲的生命，她自己的颈椎也重度受伤，上了 6 个月的石膏。但她并没有被这场意外击倒，她强制自己克服车祸带给她的阴影和伤痛，投入所有精力准备奥运会的比赛。在东京她创造了奇迹，实现奥运会自由泳比赛的三连冠。而后她退出了泳坛。

1988 年她成功当选新南威尔士的议员。2000 年当奥运圣火再次来到澳大利亚时，她作为成功的东道主运动员，在悉尼奥运会开幕式上参与火炬传递，并应邀坐在当时的国际奥委会主席萨马兰奇的身旁，再续她与奥林匹克的缘分。

塔玛拉·普雷斯：
"投掷项目女金刚"

029

　　1937 年 5 月 10 日，塔玛拉生于前苏联的哈尔科夫。在她幼年时，父亲就在卫国战争中牺牲，她与母亲、姐姐相依为命，生活得非常艰苦。由于塔玛拉所在的学校离家较远，为了不迟到她每天总是跑步上学。几年下来，她的身体素质增强了，并且逐渐显露出田径才能。

　　1954 年，塔玛拉在全国中学生运动会上获得了铅球冠军，一举成名。她来到列宁格勒，在著名教练阿历克谢耶夫门下接受训练，成绩有了新的突破。1958 年在欧洲田径锦标赛上，她以 52.32 米的优异成绩夺得了女子铁饼冠军。第二年，她又以 17.25 米的成绩打破女子铅球的世界纪录。

　　她是奥运史上唯一一个两次蝉联女子铅球冠军的选手。1960 年在罗马奥运会上，她获得女子铅球金牌和铁饼银牌。

同年，又以 57.15 米的成绩首次刷新了铁饼的世界纪录。1964年她参加东京奥运会时，已是万众瞩目的"投掷女王"。她毫无悬念地夺得了铁饼和铅球两枚金牌，捍卫了自己在铁饼和铅球领域的霸主地位。

退役后，她获得教育学副博士学位，被授予前苏联功勋运动健将称号，并获得列宁勋章。

贝利：
三座世界杯加冕的球王

031

　　他的名字传遍了世界，常和伟大一起连用，他的名字另一种写法是 G–O–D（上帝），他就是巴西球王贝利。巴西是足球的国度，贝利的父亲也是个球员，所以贝利天性中就有对足球的渴望。10 岁时，他和伙伴们自组"9 月 7 日街道俱乐部"，一边在街头踢球，一边擦皮鞋给家里挣钱。11 岁时，他被巴西前国家队教练布利托带到了圣保罗州的包鲁俱乐部少年队。13 岁起，他率领该队连获 3 届包鲁市冠军。3 年后，布利托将贝利推荐到巴西劲旅桑托斯队，并预言："这个孩子将会成为世界上最伟大的球员。"从此，贝利开始了他的职业赛季的征服之旅。

　　从 1957 年到 1965 年，他连续 9 年穿上最佳射手金靴，这一纪录至今无人能够超越。1957 年，他进入巴西国家队，在

1958、1962、1970 年与队友一起为巴西夺得 3 届世界杯赛冠军，使"雷米特杯"永久地留在了巴西。贝利本人也成为世界上唯一一位夺得过 3 届世界杯冠军的球员。他以眩目的球技令整个世界为之震动，以友善的人格与队友结下了毫无介怀的友谊，他与加林查、瓦瓦组成的前锋铁三角成为球迷心中永远的记忆。1958 年夺冠后，贝利伏在队友迪迪的肩膀上动情哭泣，这一镜头已成为永恒的经典。

1974 年贝利宣布退役，桑托斯队永久封存了他的 10 号球衣。1975 年，在美国纽约宇宙队力邀下他又踢了 2 年球。1977 年 10 月 1 日，贝利在纪念赛中代表桑托斯队和宇宙队各踢半场，而后挂靴退役。1994 年他出任联合国教科文组织友好大使。

王贞治："世界棒球之王"

1940 年 7 月 1 日，王贞治出生于东京墨田区一个华人家庭。他的父亲王仕福是中国浙江青田人，母亲是日本人。父母在东京经营一家中国菜馆，算是"小康之家"。王贞治 6 岁时入读墨田小学，大他 10 岁的哥哥铁成担当起照顾弟弟的任务。王贞治也正是因为跟着他这位业余棒球运动员哥哥而接触了棒球，并因此喜欢上了棒球。五年级时，他在观看比赛后得到了一位棒球明星的签名，从此迸发了从事棒球运动的念头。初中时，他因偶然邂逅了棒球名将荒川博而改变了人生轨迹。高中时，他参加了早稻田实业学校棒球队，成为棒球队的主力，曾率队赢得全国高校棒球锦标赛的冠军。

高中毕业后，他加入日本著名的职业棒球队巨人队，身着 1 号球衣，正式开始了职业棒球之路。在教练荒川博的帮助

下，他创立了"金鸡独立"的打法。在不到 6 年的时间里，他创造了 150 次"本垒打"的纪录。1977 年，在东京乐园棒球场，他打破了美国人汉可·阿隆保持的 755 次"本垒打"的世界纪录，创造了 756 次"本垒打"的世界新纪录，从而登上了"世界棒球之王"的宝座。后又将此纪录提高到 868 次，至今无人能破。

1980 年 11 月 4 日，王贞治含泪告别了他奋斗了 22 年的棒球场，从事教练工作，并于 1987 年被评为优秀教练。1994 年他被选入野球体育博物馆的日本野球殿堂（日本的棒球名人堂）。

穆罕默德·阿里：
尊言比金牌更重要的伟大拳王

035

一代拳王穆罕默德·阿里，原名卡休斯·克莱，出生在美国种族隔离制度严重的肯塔基州的路易斯维尔。12 岁时一个偶然的机会使他选择了拳击之路，6 年后他成为一个出色的拳击手。

1960 年在罗马奥运会上，阿里在 81 公斤级的比赛中战胜对手，获得了唯一的一枚奥运会金牌，他独创的"蝴蝶步"步法也开始被人们所知。但是奥运金牌并没有改变阿里遭受种族歧视的现实，在不满和愤怒中他将自己的金牌扔进了大海。随后阿里正式进入职业拳击比赛。

1964 年 2 月 25 号，阿里在迈阿密击败拳王利斯顿，职业拳击进入了"阿里时代"。第二天，他向全世界宣布自己皈依伊斯兰教，改名穆罕默德·阿里。那一刻阿里定义了自己的一

生——与美国主流社会背离。越战爆发后，阿里拒绝入伍并发表了反战宣言，此后一直到 1970 年，所有相关比赛都对他关上了大门。

1974 年 10 月 30 日，在非洲扎伊尔的金沙萨，32 岁的阿里挑战 25 岁的新拳王福尔曼。这场比赛对阿里的意义不同寻常：取胜，标志着他还有可能打下去；失败，标志着他就此退出拳坛。阿里最终赢得了胜利，夺回了阔别 7 年的拳王金腰带。此后，他又连续 10 次蝉联了拳王的称号。

1978 年，阿里以 20 年 22 次获得重量级拳王称号的骄人战绩，结束了职业生涯。而后作为文化和体育使者，走访各国。亚特兰大奥运会开幕式上，身患帕金森综合症的阿里用颤抖的双手点燃了奥运会的圣火；国际奥委会主席萨马兰奇将一枚特制的罗马奥运会金牌，戴在了他的胸前。2005 年美国总统布什授予阿里“总统自由勋章”。

简–克劳德·基利：高山滑雪骄子

1943 年 8 月 30 日，基利出生于法国阿尔卑斯山脉的一个小村庄圣克鲁，在瓦尔德岛长大。他 5 岁时开始滑雪，之后他在这一领域飞速发展，赢得荣誉。随着他在国际上的成功与影响，1969 年他定居瑞士的日内瓦城。

1968 年，第 14 届冬奥会在法国格勒诺布尔举行，24 岁的本土选手基利是夺冠的大热门。在高山滑雪项目中，他横扫全部 3 个项目的金牌。在高山速降赛中，他以 0.08 秒的优势拿下金牌，这也是他的第一块冬奥会金牌。3 天后，基利在大回转项目中以领先对手 2 秒的优势，再夺金牌。在最后的回转障碍赛中，他延续自己的稳定发挥，第一个冲过终点，将 3 枚金牌留在法国。基利的这一光辉成绩被记入奥林匹克史册，他当之无愧地开始成为世界滑雪赛坛上的高手。

退役后，基利在法国和欧洲体育界十分活跃，他不仅是一个奥运英雄，还是一个独一无二的自己。在国际奥委会他曾历任数职，他于 1995 年成为国际奥委会委员之一，已经 4 次在协调委员会中任职：1998 年长野冬奥会协调委员会成员；2002 年盐湖冬奥会协调委员会副主席；2006 年都灵冬奥会协调委员会主席及 2014 年索契冬奥会协调委员会主席。

鲍勃·比蒙:
"进入 21 世纪的一跳" 的创造者

1946 年比蒙出生于美国纽约的一个贫民窟,从孩提时代就备尝生活的艰辛。在不良环境的影响下,他还成了问题少年被送进少年管理学校。在那里比蒙找到了自己的兴趣和依托——跳远,从此改变了他的一生。每天大部分时间他都是在田径场上度过,经过刻苦的训练,他的身体素质达到了世界一流水平,当时他 100 米成绩 10.3 秒、跳高成绩 2.05 米、三级跳远成绩 15.76 米。16 岁时,他在一次少年运动会上跳出了 7.32 米的好成绩,从此驰骋田坛。

1968 年在墨西哥城奥运会上,他以 8.90 米的惊人成绩获得男子跳远金牌并创造世界纪录。在他着陆的一刹那,沉闷的赛场顿时沸腾起来。沙坑侧面安置的长度读数板上没有这么远的标记,裁判不得已掏出额外的钢尺测量距离。而他自已也激

动得双膝跪地，吻着跑道。这个在高原场地（海拔 2 248 米）上创造的纪录比原纪录（8.35 米）提高了 55 厘米：在过去的 33 年中，跳远的世界纪录总共提高了 22 厘米；而比蒙只用了一瞬间，便实现了 55 厘米的惊人跨越。比蒙 8.90 米的"世纪之跳"尘封了 23 年，此间许多田坛顶级跳远高手都试图去刷新这一纪录，均以失败告终，直到 1991 年才被美国的鲍威尔打破。他一生中只参加过这一届奥运会，在决赛中也只试跳了一次，但正是这一跳，创造了"神话般的世界纪录"，使他作为英雄人物被写进奥运会历史。

比蒙并没有骄傲自满，当他走上领奖台时，他思考的是他的下一个目标是多少。然而以后的职业生涯由于受伤而中断。1972 年他曾在奥运会上担任田径评论员，还在加利福尼亚大学担任过田径教练。1976 年他的《卓越的一跳》出版。

迪克·福斯贝里：
跳高史上的革命者

041

　　1947 年 3 月 6 日，福斯贝里出生于美国俄勒冈州的波特兰。年幼的他一直梦想着成为世界上跳得最高的人。当时全世界流行的跳高姿势是"仰卧式"，福斯贝里感觉这种姿势不能把腰和腿的力量全用上，于是他想尝试换一种跳跃方式。终于有一天福斯贝里突发灵感：如能简单地平放身体过杆，可能效果更佳。几经琢磨，他找到了一种跳跃方式，即跑弧线接近横竿，转身单腿起跳后背对横竿，头部、上体、臀部、脚依次过杆，用肩背部落地，这种"背越式"的姿势成了他以后制胜的法宝。一开始，人们对这种违背传统的姿势持怀疑态度，甚至感到滑稽可笑，但福斯贝里毫不动摇，坚持采用背越式参加跳高比赛。

　　1965 年，福斯贝里用这种独特的背越式技术越过了 2 米的

高度，使人们看到了这种新姿势的生命力。1967 年，福斯贝里的背越式技术更趋完善，他跃过了 2.13 米的高度，这一成绩使他跻身于世界优秀运动员的行列。1968 年在墨西哥城奥运会上，他以 2.24 米的成绩打破了奥运会纪录并获金牌。他优美而舒展的姿势最终征服了世人，人们把背越式同他的名字连在一起，称为"福斯贝里背越式"。

1987 年，国际田联将福斯贝里在 1968 年用全新的背越式跳高技术获得奥运会金牌的时刻，评选为世界田坛 75 年来"100 个金色时刻"之一。

莱因霍尔德·梅斯纳尔：
登山者中的 "绝顶之王" 和 "活着的传说"

　　1948 年 9 月 17 日，梅斯纳尔出生在意大利与奥地利交界的南蒂罗尔地区。他从 5 岁起，就和弟弟跟随父亲一起登山。有一次他和父亲在攀登时受阻，他解开了和父亲拴在一起的安全绳，独自一人徒手登顶成功，从那一刻起，世界上最伟大的登山家诞生了。20 岁前，他和弟弟甘特几乎爬遍西阿尔卑斯所有最艰难的登山线路。不幸的是，甘特在攀登南迦帕尔巴特时遇难。

　　世界上仅有 14 座山峰的高度超过令人生畏的 "死亡带"。这 14 座高峰都分布在一条半月形的巨大山脉之中。这条山脉北起巴基斯坦北部，沿着喜马拉雅山脉朝东南方向延伸到锡金。在世界登山史上，还没有任何人登顶过所有这 14 座 8 000 米以上的高峰。1970 年，梅斯纳尔开始向这 14 座世界最高峰

挑战。他在第一次无氧登上珠峰后，单人攀登了南迦帕尔巴特。1978 年，梅斯纳尔和彼德·哈伯勒同时无氧登上世界最高峰珠穆朗玛峰，整个世界登山界都为之惊叹不已。1979 年，梅斯纳尔回到中–巴交界的登山大本营，攻克了世界第二高峰乔戈里峰。1980 年，他再次独自登上险象环生的珠穆朗玛峰。直到 1986 年他登上洛子峰，最先完成 14 座绝顶高峰的攀登。他实现了为之拼搏 16 年的登山大满贯的愿望，创造了人类登山史上的壮举和奇迹。

功成名就后，梅斯纳尔住在意大利阿尔卑斯山下的 Juval 古堡，开始专注于轻装极地探险。1990 年，他首次尝试徒步前往南北极，但并没有取得成功。他脑海里还酝酿着第二次。

维克多·克罗沃普斯科夫："世界第一佩剑"

在世界剑坛上有一位"神奇"的剑客，他不仅剑术高超，而且还凭借自己的毅力和执著创造了剑坛奇迹。他就是被人们誉为"世界第一佩剑"的维克多·克罗沃普斯科夫。

1948 年 9 月 27 日，维克多出生在莫斯科的一个普通工人家庭。他自幼聪明好学，对击剑运动非常着迷，渴望有朝一日能够叱咤剑坛。16 岁时，他被莫斯科青少年体校教练员列夫·科列什科夫看中，在他的指导下开始了击剑生涯。由于家里经济并不宽裕，他一边坚持剑术训练一边做送报工，以减轻家庭负担。后来，他考入莫斯科工学院，为了继续练剑，他又从工学院转到体育学院攻读击剑专业，笃定地投入到艰苦的训练中。1968 年，他在国际赛场上崭露头脚，第一次获得了世界青年锦标赛佩剑个人冠军。此后，他又拜师马克·拉基塔，在

名师的悉心教导下他的剑术日益成熟，并逐步形成了干练、奔放和凶狠的风格。进入国家队后，维克多更加努力训练，苦练剑技。他先后多次取得佩剑团体和个人的世界冠军和欧洲冠军。

1976年，他参加蒙特利尔奥运会时，已经是剑坛举足轻重的人物，他击败了自己的队友获得奥运会佩剑个人冠军，又和队友一起获得团体冠军。1977年，他在一次佩剑比赛中不幸跟腱断裂，这对于击剑运动员来说是致命的伤病。但维克多并没有就此放弃，他以惊人的毅力，像小孩学步一样从头锻炼，半年后奇迹般重返赛场，并延续了自己的辉煌。1980年在莫斯科奥运会上，他再次荣膺佩剑个人和团体冠军。他的胜利捍卫了自己"世界第一佩剑"的称号。

伊琳娜·罗德尼娜：
花样双人滑 "冰舞皇后"

在幼年时，她一直遭受肺炎的痛苦。5 岁那年，父母把她送到了莫斯科的一所花样滑冰学校。她是一个天才的花样滑选手，自 1969 年到 1980 年她参加了所有 3 届冬奥会和 10 届世锦赛的双人滑比赛，囊括所有 13 枚双人滑金牌。在她最出色的时候，似乎谁与她搭档合作，谁就能够成为双人滑比赛金牌中的另一半。然而，罗德尼娜的荣光之路走得并不平坦。她的事业和爱情、喜悦和泪水都与先后伴在她身边的两名男搭档密切相关。

乌兰诺夫是她的第一个搭档，也是她的恋人。从 1969 年开始，他们就以惊险优美的表演，连续 4 次在世锦赛中夺冠。1972 年，这对冰雪恋人在日本札幌冬奥会上再一次技惊四座，摘冠而归。然而就在这一年，乌兰诺夫爱上了同队的斯米尔诺

娃。冬奥会后，伤心欲绝的罗德尼娜同时失去了事业和爱情。

同年，扎伊采夫成为她在冰场上的另一半。共同的事业使他们成了心心相印的恋人。两人的冰上组合延续了前苏联对世锦赛冠军的蝉联。1975 年，他们步入了婚姻殿堂。当罗德尼娜以最佳状态出现在 1976 年和 1980 年的冬奥会时，她行云流水、情真意切的表演，打动了所有在场的观众和裁判，其他选手就只能为亚军而战了。

1980 年的冬奥会后，罗德尼娜和扎伊采夫同时退出了冰坛，却没能继续生活在一起。罗德尼娜远赴美国担任双人滑教练。2005 年，莫斯科申办 2012 年奥运会时，她成为俄罗斯申奥代表团中积极闪亮的明星。

马克·施皮茨：游坛"飞鱼"

1950 年施皮茨出生于美国加利福尼亚州的莫德斯托。自幼父亲就教育他："一个游泳池 6 条水道，但胜利者只有 1 个。游泳不是全部，取得胜利才是！"受父亲影响，施皮茨的性格中从小就有"争第一"的信念。他 6 岁起接受正规训练，3 年后拜师谢曼·查伏尔。查伏尔是有名的旱鸭子，但是他对游泳技术和指导方法有着很深的造诣。在他的指导下，施皮茨进步很快。14 岁时，他又跟美国最出色的游泳俱乐部的总教练乔治·海恩斯学习。

1966 年，他获得了美国业余体联全国游泳锦标赛冠军。1967 年，他 4 次打破世界纪录、5 次打破美国纪录，在泛美运动会上，他连拿了 5 块金牌。这时，他已经成为泳坛的风云人物，被选为年度最佳游泳选手。在 1968 年墨西哥城奥运会前

他发出了"夺取6块金牌"的狂言，但他只拿到了两块集体项目金牌和个人项目的1银1铜。这次失利在施皮茨心里留下了阴影。回国后，他进入印第安纳大学深造，在美国泳坛"圣人"康素门博士的指导下，他逐渐从失落里走出来。1971年，他连创5次世界纪录和美国纪录。1972年，他在慕尼黑奥运会的游泳史上树立了一座不朽的丰碑。在赛前接受采访时，他只是保守地说一定会尽力而为。8天的比赛，他拿到7块金牌，并将这7项世界纪录全部改写，轰动了当时的整个赛场。在他短暂的职业生涯中，他在奥运会上共打破或帮助别人打破27项世界纪录，其中23项是个人纪录。

慕尼黑奥运会后，施皮茨在公众的赞美声中急流勇退。第二年他与时装模特苏丝·维娜相爱并结合。

尼古拉·安德里亚诺夫：
"世界体操冠军之冠"

1952 年尼古拉出生于前苏联的弗拉基米尔。父亲早逝，母亲带着 4 个孩子艰难度日。少年尼古拉外向开朗，但由于缺少管教，爱打架滋事；为了使他能有所管束，8 岁时他就被母亲送到体育俱乐部去练体操。在恩师托卡彻夫慈父般的关怀下，他改掉了坏习惯，开始刻苦学习体操和文化课。

他在所有奥运体操项目上都获得过奖牌，创造了两个纪录：获得最多奥运男子项目奖牌（15 枚），获得最多男子个人项目奖牌（12 枚）。1971 年在马德里欧锦赛上，他第一次在国际赛事上展露锋芒，夺得 2 枚金牌。此后 10 年间，他参加了许多国际赛事，得到相当优异的成绩。1972 年的慕尼黑奥运会，他在自由体操比赛中战胜了当时盛极一时的日本诸多选手，夺得金牌；并为前苏联队在团体比赛中获得亚军立下汗马

功劳。当年，他被授予"体育运动荣誉勋章"。1976 年在蒙特利尔奥运会上，他进入职业生涯的辉煌期。他以 42 年来最大领先优势的成绩夺取了个人全能金牌，随后他又夺得跳马、吊环、自由体操 3 枚金牌，这使他成为最有成就的体操运动员。1980 年莫斯科奥运会，本土出战的尼古拉成功卫冕跳马金牌，又在团体赛上再添 1 金。

　　1982 尼古拉退出体操竞技舞台，开始担任前苏联国家青年体操队的教练。

克里斯·埃弗特：
胜率最高的"网球女王"

　　1954 年 12 月 21 日，埃弗特出生在美国弗罗里达州的劳德代尔堡市。她的父亲是网球教练，家里 5 个孩子都从小开始接触网球，排行老二的埃弗特是其中最优秀的一个。她 5 岁开始练球，因为个子太小，没法用单手握拍击反手球，父亲就教她暂时用双手握拍打反手球。而这一举动却改变了整个网球运动，以后许多球员都学她双手反拍的技术。

　　她是唯一一位在硬地、红土两种场地上夺得单打冠军的女选手。她的单打纪录为 1 309 胜 145 负，90%的胜率在职业网球史上无人能及。在 1971 年的美国网球公开赛上，她正式登上了世界网坛的中心舞台。16 岁的她连胜数位名将，最终在半决赛中止步于比莉·琼金，而她在比赛中的沉着冷静赢得了"冰美人"的绰号。1974 年，她获得法网和温网双料冠军，并

且在这一年创造了 55 连胜的个人纪录。接下来 5 年，她几乎一直占据着世界排名第一的宝座，以绝对的底线球能力统治了整个女子网坛，冰美人迅速地升级为"网球女王"。1975 年，她再次蝉联法网单打冠军，并且夺得了她的第一个美网冠军。

70 年代后期，纳芙拉蒂诺娃挑战了她在女子网坛统治地位，两位高手之间的对决成为网球史上的经典。1985 年，在法网公开赛上她战胜纳芙拉蒂诺娃，这是她第 5 次也是最后一次登上世界排名第一的宝座。第二年，她再次击败纳芙拉蒂诺娃，获得自己的最后一个大满贯赛事冠军。1989 年，她宣布退役。1995 年，她以全票通过进入网球名人堂。

埃德温·摩西:
创造 10 年 122 场不败纪录的 "400 米栏王"

　　1955 年 8 月 31 日，摩西生于美国俄亥俄州的代顿市，父母都从事教育工作。他从小受到良好的家庭教育，学习成绩非常优秀。大学时他主修物理学，曾获得过国家科学基金会的奖金。大三时他才开始 400 米栏练习，由于极佳的身体条件，加上出众的速度和弹跳，他在跨越 91.4 厘米高的栏架时如履平地，并形成了独特的 "13 步跨栏法"：起步至第一栏 20 步、栏间 13 步、冲刺平跑 16 步。1976 年在蒙特利尔奥运会上，他首次表演了 "13 步跨栏法"，以 47 秒 64 刷新了世界纪录，赢得金牌。同年，他大学毕业获得物理学士学位。

　　天才、勤奋和科学训练，成就了摩西田坛 "400 米栏王"的霸业。他从一开始就自己训练，经常使用电子胸带纪录生理状况，调整训练负荷。有人曾经测量过他在比赛中的一些数

据——两栏间永远是 13 步，每一步永远是 9 英尺 9 英寸。一圈下来，他身上汗水的温度甚至都一样是 56 度。如此的精确，若非后天的刻苦训练又怎能办到？他的训练就质和量来说，都是一般人望而生畏的。400 米栏几乎是为他量身定做的"专利"，只要有他参赛，其他选手只好甘拜下风，努力"争第二"，他成了 400 米栏的常胜将军。从 1976 年到 1987 年的 10 年间，他在 3 届奥运会、两届世锦赛和 3 届世界杯上包揽了所有 400 米栏冠军，4 次打破世界纪录，10 次被评为"世界最佳田径运动员"。

1988 年首尔奥运会后，摩西退役。目前他在国际奥委会任职，正以自身的影响和积极的工作推动着世界体育事业的和平发展。

乌多·拜尔："世界铅球王"

1955 年 8 月 9 日，拜尔出生于前东德埃森乌斯塔特镇一个普通家庭，父亲是当地的机械工人。他是家里 6 个孩子的老大，从小臂力过人，喜欢体育运动，曾在当地俱乐部练习手球。拜尔的身体素质十分出色，100 米成绩 11.2 秒，跳高成绩 1.94 米，跳远成绩 6.85 米，这在世界级投掷运动员中都是极少见的。

1969 年拜尔进入法兰克福运动学校，开始进行铅球训练，一年后他就获得了全国少年比赛的冠军。1971 年，他又成为全国青年冠军。由于他身体素质好，训练刻苦，运动成绩直线上升。1973 年，他入读波茨坦大学，在那里他的铅球成绩达到 19.65 米，已跨入世界优秀运动员行列。

1976 年拜尔首次参加奥运会，以 21.05 米的成绩力挫所有

对手，夺得了他一生中唯一一枚奥运会金牌。1978 年他以
22.15 米的成绩第一次打破男子铅球世界纪录，又在 5 年后以
22.22 米的成绩打破了他自己保持了近 5 年的世界纪录。1980
年在莫斯科奥运上，由于临场发挥欠佳，他只获得了铜牌。
1984 年，由于前东德抵制洛杉矶奥运会，他失去了再夺奥运
冠军的机会。但 1986 年他就以 22.64 米创造了个人最好成绩，
并第三次打破男子铅球世界纪录。

1988 年，33 岁的拜尔在首尔奥运会上获得第 4 名，而后
退出田坛。

尤里·谢迪赫： "世界链球之王"

　　1955 年 6 月 11 日，谢迪赫生于前苏联的新切尔卡斯克。小时候他喜欢游泳，曾梦想当一名游泳明星。12 岁时一名链球教练发现了他的投掷才华，从此他投身于田径训练。开始他并没有进行专门的链球训练，而以全面体能训练为主，这为他的成功打下了坚实的基础。他被认为是链球圈里的短跑运动员，他的链球技术也以旋转速度快闻名。

　　1972 年，他进入基辅体育学院，跟随著名链球运动员邦达丘克训练。在教练的悉心指导下，他的链球成绩进步很快。1974 年，他第一次突破 "70 米大关"，创造了世界中学生纪录。第二年，他就以 75 米的成绩跻身世界优秀运动员行列。

　　1976 年他成功地打破了奥运会纪录，夺得金牌。1980 年是他运动生涯中收获颇丰的一年，他先是两次打破世界纪录，

接着又以 81.80 米打破世界纪录的成绩蝉联奥运会金牌。由于前苏联抵制洛杉矶奥运会，使他失去了实现奥运会三连冠的机会。同年，他却掷出了 86.34 米的惊人成绩，成为有史以来第一个突破 85 米的链球运动员。1986 年，他又以 86.66 米和 86.74 米的成绩两破世界纪录，其中后一个纪录保持至今。1991 年，36 岁的谢迪赫获得世界田径锦标赛冠军，成为该赛有史以来年龄最大的冠军得主。

目前，谢迪赫和家人生活在法国巴黎，他在当地的大学教力量训练。

比约恩·博格：
网球场上的"红土之王"

1956 年 6 月 6 日，博格出生于斯德哥尔摩郊区小镇索德拉奇。9 岁时，父亲送给他一支网球拍，从此他与网球结缘。上小学时，他被教练莱纳·伯格林发现，加以培养，迅速地爆发出天才的火焰。他曾参加过冰球和乒乓球的训练，这对他的网球技术提高有很大帮助。他标志性动作双手反手回球就源于冰球，而强劲有力的上旋球则源于乒乓球。

1974 年，他夺得法网公开赛首个大满贯头衔。次年，他卫冕法网冠军成功。1978 到 1981 年，他 8 次参加法网 6 次夺冠、连续 44 场胜利，使他成为那个时代不可撼动的"红土之王"。同时，他在草地球场上也一展锋芒。1976 年，他在进行了为期两周的发球上网特训之后，首次夺得温网冠军。此后，他在温网取得五连冠。温网五连冠、法网六封王，博格在两种截然

不同的场地上夺得了 11 个大满贯头衔。然而，他与另外两项大满贯则向来无缘。他曾 4 次进入美网决赛，两次负于康纳斯，两次负于麦肯罗，他同这两个"左撇子"之间的比赛总是最经典的碰撞。

博格是网坛公认的绅士，但在他彬彬有礼的外表下却隐藏着极强的个性和原则。他是最早抗议赛程安排过于漫长的球员。他坚持运动员一年必须有 3 个月的休息时间，为此他从未参加过年初的澳网公开赛，也等于放弃了创造历史的机会。1982 年，由于他在前一年的参赛次数没有达到职业网联要求的最低限度，他被要求通过资格赛进入正选，负气之下他于1983 年正式退役。

塞巴斯蒂安·科： “中跑之王”

1956 年 9 月 29 日，科出生于英国伦敦。父亲彼得·科是一名工程师，也是一名自行车运动员。科从小就跟在父亲的自行车后面，跑着去父亲练车的俱乐部。彼得发现了儿子的跑步天赋，决定亲自对他进行指导。经过几年艰苦系统的训练，科的速度和耐力都有了很大提高。

1979 年，他创造了田径史上的奇迹，在 42 天内创造了 3 项长跑的世界纪录。1980 年在莫斯科奥运会上，由于紧张和压力过大，他在 800 米决赛中输给了同胞奥维特。赛后，奥维特说“塞巴斯蒂安·科永远不是一个保持纪录的选手”，带有嘲讽的评价刺激了科。在 1 500 米比赛中，已经吸取经验的他发挥出了自己冲刺的优势，终获金牌，而奥维特只获得了铜牌。1981 年是科运动生涯中最辉煌的一年。这一年国际田联批准

的 9 个男子世界纪录中，他一人就占了 3 个，这一年他还获得了硕士学位。以后两年，由于伤病的困扰他几乎无法参赛。当人们怀疑他是否能保持自己"中跑之王"称号时，1984 年在洛杉矶奥运会上，他卫冕了 1 500 米冠军，他用行动向世人证明他是打不倒的。

1990 年他告别田坛后，开始走上政坛，现任国际田联副主席。2004 年，他临危受命成为伦敦奥申委主席，并申办成功。他作为伦敦奥组委的主席，正带领伦敦为举办一届精彩的奥运会而努力。

玛蒂娜·纳芙拉蒂洛娃："网坛铁金刚"

1956 年 10 月 18 日，玛蒂娜出生在前捷克斯洛伐克首都布拉格。3 岁时父母离异，母亲嫁给网球教练纳芙拉蒂尔，她也随继父姓氏改名为玛蒂娜·纳芙拉蒂洛娃。继父给了她很多指导，尤其是鼓励她在网前积极进攻的打法，对她的球风产生了深刻的影响。8 岁时她第一次参赛就打进了半决赛，引起轰动，被当做国家特殊人才培养。

她是世界上首位在 4 个不同的年代（20 世纪 70 年代、80 年代、90 年代和 21 世纪初）都进入世界网坛排名的球员。1973 年她排名国家第一，开始职业网球生涯。由于和前捷克斯洛伐克当局关系紧张，1975 年她在美网公开赛期间向纽约移民局请求政治避难，获得美国绿卡后前往美国。前捷克斯洛伐克政府封锁了媒体对她的一切报道，她和家人失去联系长达

4 年之久。初到美国她一度状态不佳，直到 1978 年她在温网中分别战胜埃弗特和比莉·琼金夺冠，才达到职业生涯的最终突破。1980 年比赛的失利和传闻使她再次陷入人生的低谷，为了减轻压力，她毅然向公众承认了同性恋倾向。

1981 年，她获得美国国籍，开始了人生和职业的双重转折。1983 年，她共获得 15 次单打冠军和 13 次双打冠军，全年只输了 1 场。1982 年到 1987 年，她与埃弗特在大满贯的决赛上对打 10 次胜 7 次。高手之间的竞争使她们的能力都达到了顶点，也成为无法重现的经典，这段时间玛蒂娜成为世界第一。

而后，网坛新星格拉芙的崛起，使玛蒂娜失去世界第一的排名。然而，1990 年她以 33 岁的高龄再夺温网冠军。1992 年，36 岁的她在巴黎室内冠军赛上战胜了莫尼卡·塞莱斯，成为世界上年纪最大的女子网球运动员。1994 年，她宣布退出球坛。2000 年她被选入国际网球名人堂。同年，她宣布复出，并一直奋斗至 2006 年。

瓦尔达尼扬：优雅的举重天才

1956 年 6 月 13 日，瓦尔达尼扬出生在前苏联的列宁纳坎。他的叔叔是一名举重运动员，有一次小瓦尔达尼扬毫不费力地举起一个和他当时身材很不相符的杠铃，叔叔在惊叹之余决定把他培养成一名举重运动员。他不顾父母的反对，坚持开始了举重训练。前苏联的教练性格暴躁，但瓦尔达尼扬却没有丝毫的反感，在训练队中，他是最刻苦的一个，因此也博得了教练的喜爱。

瓦尔达尼扬身高 1.8 米，这对于举重并不是一个好的发展趋势，但天才让他战无不胜；而且完美的体态和优雅的举止，也让他成为运动场上与众不同的明星。从 1976 年开始，他创造世界纪录近 50 次。1980 年莫斯科奥运会，他在 82.5 公斤级的比赛中以领先对手 27.5 公斤获胜，他的总成绩升两个级别

亦能夺冠，比 90 公斤级冠军的成绩高 22.5 公斤，比 100 公斤级冠军的成绩高 5 公斤，这稳固了他的举重霸主地位。1984年由于前苏联抵制洛杉矶奥运会，使他失去了卫冕机会。但随后不久在保加利亚举行的国际举重锦标赛上，他便以 405 公斤的成绩再次打破世界纪录，而奥运会冠军的成绩只有 355 公斤。面对瓦尔达尼扬的辉煌，国际举重联合会主席不禁感叹：世界上还无人有过如此成绩。

在赛场上，瓦尔达尼扬给人的感觉是充满阳刚之美，是力与美的化身。在生活中，他温文尔雅、活泼可爱，还弹得一手好钢琴，经常编写歌曲，自演自唱。

乌尔里克·迈法特：
跳高史上的传奇人物

　　1956 年 5 月 4 日，迈法特出生于前东德的科隆。她 11 岁开始田径训练，15 岁时就获得全国女子少年跳高冠军。16 岁时，她在慕尼黑奥运会上以 1.92 米的成绩平世界纪录并夺得金牌，成为奥运史上最年轻的女子跳高冠军。成功来得太快，少年得志的她抵挡不住名誉、赞扬以及各种吹捧，开始沉浸在明星梦里，她的辉煌如同昙花一现，在之后的比赛中成绩连连下降。1975 年，她高中毕业后没有考取大学，也没有取得蒙特利尔奥运会的参赛权。1977 年，因连续成绩不佳，她被国家队除名。

　　历尽挫折后她终于成熟了，为了重振自我，她来到奥森贝格门下，决定一切从头开始。在奥森贝格的指导和栽培下，迈法特进步飞快。1978 年，她跳出了 1.96 米的好成绩。此时经

历过巅峰与低谷磨练的她已经脱胎换骨，以从容的心态面对这来之不易的成功。此后，她一次次创造新的辉煌。1983 年在雅典欧锦赛上，她以 2.02 米的成绩打破世界纪录，并重新登上世界冠军的宝座。为了这 10 厘米，她整整奋斗了 12 个春秋。1983 年，她又跳过 2.03 米，第二次打破世界纪录。1984 年的洛杉矶奥运会，技术和心理都已经成熟起来的迈法特稳定地跳出 2.02 米的成绩，夺冠圆梦。至此，她成为奥运会和世界田径史上经历最曲折、成绩最光辉的运动员。同年，被《国际体育通讯》评选为"世界最佳运动员"。

1985 年，她正式告别了长达 15 年之久的竞技体坛。同年，她的《各就位、预备、跑！》一书问世。

玛丽塔·科赫：
短跑王国的"田径女皇"

1957 年 2 月 18 日，科赫出生在波罗的海岸的维斯马城。11 岁那年，她在学校的"体育日"赛跑中战胜了所有的男孩子，显示出田径运动的天赋。此后，她正式开始田径训练，主攻 200 米和 400 米两个项目。经过几年艰苦系统的训练，到中学时她已经成为一名很全面的短跑健将。

1974 年，她在全国比赛中取得少年组 400 米冠军。1976 年在蒙特利尔奥运会上，由于赛前脚扭伤，她无缘决赛，这次失败给她留下了一生难以磨灭的印象。她将此次冠军谢文斯卡作为崇拜对象，决定像她那样破纪录、拿世界冠军。从那时开始，她的每一步都坚定地朝这个目标努力。

1978 年，她开始向世界田径 200 米、400 米的长久垄断者谢文斯卡发起了挑战，最终将这两项世界纪录统统刷新，开始

了"科赫时代"。1979 年，她 5 次刷新世界纪录，甚至在一天之内 2 次刷新世界纪录。1980 年，她夺得莫斯科奥会运 400 米冠军，这也是她获得的唯一一块奥运会金牌。此后教练对她的训练方法做了改进。1983 年，她在赫尔辛基世锦赛上夺得 3 金 1 银，成绩超过一人独得 3 枚金牌的美国超级田径明星卡尔·刘易斯。1985 年在堪培拉世界杯 400 米赛上，她跑出了 47 秒 60，一个后人难以超越的世界纪录。

由于伤病，1987 年她宣布退役。之后与教练迈耶尔完婚，并开始向她的另一个最爱——医学进军。

伊芙林·阿什福德:
女子短跑的 "黑色闪电"

1957 年 4 月 15 日,阿什福德出生于美国的什里夫波特。小时候,她就把美国的黑人短跑明星鲁道夫当做偶像来崇拜,认为鲁道夫是黑人能力的象征,立志做一个像鲁道夫那样的人。她上小学时,因为身材瘦小,没能引起体育教师的足够重视;但她没有灰心,仍然奔跑在田径场上。高中时,体育老师发现了她的运动天赋,把她选进了田径队,在高中最后一年她成为田径队队长。高中毕业时她获得了加州大学洛杉矶分校奖励给女生的首批运动奖学金,进入加州大学深造,期间她 4 次赢得全国大学生锦标赛冠军。

在 1979 年的世锦赛上,她分别战胜了 100 米和 200 米短跑世界纪录保持者玛莉斯·格尔和玛丽塔·科赫,赢得冠军,被评选为当年 "最佳女运动员"。1980 年由于美国抵制莫斯科奥

运会，她无缘参赛。但1981年她再次赢得了两项世界锦标赛冠军，并再次被评为年度"最佳女运动员"。1984年在洛杉矶奥运会上，27岁的阿什福德终于在100米比赛中夺得了她的第一枚奥运金牌，随后又带领美国队夺得4×100米接力冠军。同年她在苏黎世创造了10秒76的100米世界纪录。当年，她再次被评为年度"最佳女子运动员"。

在1988年和1992年两届奥运会上，她为美国队4×100米接力夺冠立下了汗马功劳，完成了奥运谢幕演出。1997年，她被选入国家田径名人纪念馆，被称为"最优秀的田径运动员之一"。

埃里克·海登:
冬奥会史上的"速滑之王"

1958 年 6 月 14 日,海登出生在美国的一个体育世家。外祖父曾是威斯康星大学冰球队的教练,父亲是一位出色的业余自行车手和击剑运动员。受家庭环境的熏陶,他从小就下定了从事体育运动决心。两岁时,他就在父亲的指导下练习滑冰;13 岁时拜师于戴·霍伦教练,开始正规受训。在训练中,他付出了超越常人的汗水和劳动。为了增强体能,他每天骑自行车 100 多公里,骑自行车时身子完全伏在车把上,模仿滑冰时的姿势;为了练好冰上滑行的下身动作,他每天在陆地上效仿鸭子速跑 9 公里。大负荷的运动量把他的大腿练得有 29 英寸那么粗。这些造就了这个独一无二的、技术绝伦和耐力超群的"速滑之王"。

他在速滑领域中是一个标志性的人物,特别是在欧洲这个

以运动为荣的地方。从 1977 年到 1980 年，他在 4 届速度滑冰世锦赛上获得 7 金 1 银。1980 年他进入冰坛生涯的巅峰，在普莱西德湖冬奥会上，他囊括了所有 5 项男子速滑的全部金牌，并全部打破纪录，创造了奥运史的里程碑，也戴上了"速滑之王"的冠冕。之后，他结束了短暂的速滑生涯，转向自行车运动，并参加了 1986 年的环法大赛。

戴利·汤普森：十项全能之王

 1958 年 7 月 30 日，汤普森出生在伦敦郊区的诺丁希尔。他是混血儿，父亲是尼日利亚人，母亲是英格兰人。少年汤普森力大惊人，总是喜欢向比自己个儿大的孩子挑战。父母离异后，他跟着母亲生活。由于过于顽皮，7 岁时他被母亲送入一所专门收容家长无法管教的少年儿童学校，在这里他迷上了体育运动。16 岁他遇到了一生中的第一位伯乐——体育教练莫尔蒂默，从此他开始了艰苦的专业训练。

 1975 年，他在全国业余田径运动会少年组中夺冠，并打破少年组全国纪录。因为母亲不同意他从事体育运动，他曾离家出走。幸运的是他遇到了第二位伯乐——十项全能教练布鲁斯·朗登，朗登将自己的经验毫无保留地都传授给了他。汤普森逐渐成长起来，成为了一只羽翼丰满的雏鹰。1976 年在蒙

特利尔奥运会上，18 岁的汤普森是英国代表队中最年轻的队员，虽然只名列第 18 位，但是他并不气馁，相信自己总有一天会成为奥运会冠军。1977 年，汤普森以 8124 分荣获欧洲青少年冠军，成为世界上超过 8 000 分的最年轻选手。

1980 年是汤普森步入辉煌的一年。他先是以 8 622 分的成绩首次打破世界纪录，随后在莫斯科奥运会上，一举赢得十项全能的金牌。1982 年，他又两破世界纪录，震惊世界田坛。1984 年在洛杉矶奥运会上，他再次蝉联十项全能金牌，并打破奥运会纪录，坐稳了他的领头羊的位置。1992 年，汤普森宣布退役。

斯科特·汉密尔顿：
抗癌成功的奥运冠军

1958 年 8 月 28 日，斯科特出生在美国俄亥俄州的托莱多市。他在 6 周大时被汉密尔顿夫妇收养。两岁时他得了一种怪病，身体停止生长。父母带他到处求治，在波士顿儿童医院凭借特殊的饮食和适度的锻炼，他的疾病有了转机。滑冰是他多难童年的一种乐趣。18 岁他进入大学，因为高额的训练费用他几乎被迫放弃滑冰，后来受到资助得以继续训练。对身高仅1.59 米的斯科特来说，从事冰上项目并不理想，但勤劳的汗水使他获得了技术的丰收。

1980 年他入选美国冬奥会代表队。在同年的冬奥会和世锦赛上均得第 5 名，步入了世界优秀选手行列。此后，他连续获得 4 届花样滑冰世锦赛的单人滑冠军；1984 年在萨拉热窝冬奥会上，他终于登上了奥运冠军的宝座，并转为职业运动员。

　　1986 年他创造了"斯科特·汉密尔顿美国游"，后来被称为
"花样滑冰明星表演团"，史无前例地将运动和娱乐相结合，带
动了一批优秀花样滑冰运动员的横空出世，开创了体育运动的
新发展。15 年来他一直从事于表演团的工作，直到 2001 年退
休。退役后他成为著名体育评论员，经常参与美国 CBS 电视
台和 NBC 电视台花样滑冰节目的解说。1990 年，他被选入美
国奥林匹克名人堂。

格里菲斯·乔伊纳:
"世界第一女飞人"

    1959 年 12 月 21 日,乔伊纳出生在美国洛杉矶。她从小就显示出超人的短跑天赋,7 岁开始接受田径训练,并获得过"杰西·欧文斯"青少年组比赛的冠军;中学毕业时,她留下多项短跑和跳远的学校纪录。她对运动心理学特别感兴趣,在大学她选择了心理学专业。大二时,她一度因无力支付学费而辍学工作,后来在田径教练鲍博·克西的帮助下申请到奖学金,才得以重返校园,她一边跟随教练刻苦地训练,一边如饥似渴地学习自己的专业,正是克西把她塑造成了短跑英雄。

    乔伊纳是一个大器晚成的人。1984 年在洛杉矶奥运会上她仅获 200 米银牌,却以飘逸的长发、自信的微笑和裸露一条大腿的艳丽赛服征服了观看比赛的观众,并为自己赢得了"花蝴蝶"的美称。1988 年的首尔奥运会是乔伊纳运动生涯的巅峰,

此时她已经与洛杉矶三级跳远冠军阿尔·乔伊纳结婚。她一举夺得了 3 枚金牌和 1 枚银牌，她所创造的 100 米、200 米的世界纪录，至今无人问鼎。她用实力再次征服了全世界，成为当届奥运会的田径女英雄，被称誉为"世界第一女飞人"。

1989 年她获得欧文斯奖，在颁奖仪式上她突然宣布退役，让"乔迷们"十分震惊。退役后，她从事时装设计、拍电影、电视剧等活动，均获得成功。她对色彩和样式超乎寻常的想象力，令专业设计师都感到惊奇。1998 年 9 月 21 日，她在睡梦中离开人世，国际体育届无不为之唏嘘。

阿尔顿·塞纳:
英年早逝的 F1 车王

1960 年 3 月 21 日，塞纳出生于一个富裕的巴西家庭。父亲米尔顿热衷于赛车运动，4 岁那年，塞纳收到了父亲送给他的第一辆迷你卡丁车，从此赛车成了他童年的乐趣。13 岁他首次驾驶卡丁车参赛，获得了冠军。此后 6 年，他完成了从巴西—南美—世界的赛程晋升和卡丁车—FF1600—FF2000—F3—F1 的赛事晋级，成为世界最优秀的赛车手之一。

1981 年是他赛车生涯的一个重要转折，他在英国 FF1600 型大赛中横扫全部两项冠军。此后 3 年，他在 5 个型号的车赛中创下了史无前例的成绩。1984 年他加入杜曼车队，开始了辉煌的 F1 时代。然而，在二流车队杜曼，他的实力无法充分展现。在当年摩纳哥站，他驾驶杜曼赛车紧追迈凯伦车队的阿兰·普罗斯特，但在大雨中毫无竞争能力而屈居亚军，这场比

赛也埋下了日后两人对决的因子。同年，他在杜曼车队未知的情况下，签约名门莲花车队。1985年他在暴雨中独走葡萄牙站，夺下他F1生涯第一座分站冠军，他开始受到更多瞩目。1988年塞纳加入迈凯伦车队，与队友普罗斯特展开了F1史上一段极为传奇的对抗。1988、1990和1991年，他三度登顶年度总冠军。1994年塞纳转投威廉姆斯车队，希望能开创属于自己的一个时代。但是同年5月1日在圣马力诺伊莫拉赛道上，一场失控撞栏的事故夺走了车王、终结了一切。巴西政府为他举行了国葬，超过100万的民众为他送行，在他的墓志铭上刻着："没有什么可以让我远离神的关爱。"

1994年因为塞纳的离去，成为F1前后两个时代的分水岭。前一个时代是属于车王塞纳的，后一个时代是迈克尔·舒马赫的。遗憾的是，新老两代车王再也无缘对决。2000年，塞纳的名字入选世界赛车名人传。

弗拉基米尔·萨尔尼科夫：游泳界的"15分钟先生"

1960年5月21日，萨尔尼科夫出生在前苏联列宁格勒。他的父亲是一位水手，在父亲的影响下，从小他就对水很感兴趣。他6岁开始学习游泳，13岁正式接受系统训练。

1976年，他获得了蒙特利尔奥运会的入场券，虽然只取得了1 500米自由泳的第5名，但与世界强手竞争的参赛经历，让他看到了跻身于世界前列的希望，从此他以更刻苦的状态投入到训练中。1977年，他打破了 1 500米自由泳的欧洲纪录，第一次荣获欧洲冠军的称号。1978年，他在柏林世锦赛中登上世界冠军宝座。

1979年起他开始称霸世界泳坛，接连刷新男子400米、800米自由泳的世界纪录。在莫斯科奥运会上，他最终首创15分内游完 1 500米自由泳的纪录，"15分钟先生"诞生。

1982 年在瓜亚基尔世锦赛上，他再次将 400 和 1 500 米自由泳两枚金牌揽入帐下。

随后几年他进入游泳生涯的低谷，在妻子兼教练的支持下，1986 年莫斯科友好运动会成为他重振雄风的新起点，他刷新了自己创造的 800 米自由泳的世界纪录。1988 年首尔奥运会，他摘取 1 500 米自由泳桂冠，成为奥运游泳比赛 56 年来年龄最大的金牌得主。退役后，他进入莫斯科体育学院攻读研究生，从 1989 年起开始担任俄罗斯游泳队的主教练。

格雷格·洛加尼斯：
跳水界的"空中芭蕾王子"

087

　　洛加尼斯是混血儿，9个月时被洛加尼斯夫妇领养。他自幼学习舞蹈和跳水，3岁开始登台演出。由于深色皮肤和诵读困难，他在学校常被同学嘲讽欺负；而天生的忧郁气质和艺术天赋，也使他性格敏感脆弱、孤独自卑。在苦闷和重压之下他曾有过自杀的举动，失败后在舞蹈与跳水中寻找安慰。在跳水启蒙教练萨奇·李的鼓励下，他不断地与自卑、脆弱搏击成长，逐渐地建立起自信乐观的心态。几年后，他开始称雄跳坛，成为最有成就的"空中芭蕾王子"。

　　1976年，16岁的洛加尼斯赢得奥运会10米跳台亚军，一夜成名。他就读于加利福尼亚大学戏剧专业，接受了古典舞和芭蕾舞的严格训练，为他从事的"瞬间艺术"——跳水运动融入了美感和乐感。他把跳水运动带入了一个新境界，当他以优

美的身姿没入碧波之中时，犹如舞蹈演员走向了"天鹅湖"，这使其他选手永远无法企及。在上个世纪80年代的跳台上，他没有对手，22次获得全美跳水冠军，40多次获世界级跳水比赛冠军，他的耀眼光芒征服了所有的目光。

　　1982年在厄瓜多尔游泳锦标赛上，他以绝对优势赢得了7名裁判的一致满分10分，创造了重大国际比赛中史无前例的最高分。1984年在洛杉矶奥运会上，他包揽跳板和跳台两块金牌，成为奥运史上首次夺得两枚跳水金牌的选手。1988年首尔奥运会，他在3米板预赛中头部误撞跳台而血染泳池，最终仍然卫冕成功，同时还获得跳台冠军。他的名字成了跳水冠军的代名词，就连他的失误也成了一种缺憾美。之后，他退出泳坛。1994年他公开了自己的同性恋身份。

迭戈·马拉多纳:
旷世奇才的世纪球王

　　1960 年 10 月 30 日,马拉多纳出生于阿根廷的布宜诺斯艾利斯。他的足球才华与生俱来,11 岁被称为"足球神童",名字被错拼为"卡拉多纳"。1979 年,他率领阿根廷队在日本世青赛中势如破竹,夺得冠军,让全世界球迷记住了自己的名字——马拉多纳。

　　1982 年,他转会到巴塞罗那,在比赛中他甚至做到了让皇马的球迷为他喝彩。1984 年,他转会到那不勒斯,用了 3 年的时间就帮助处于弱势的那不勒斯队破天荒地夺得两次意大利联赛冠军和一次欧洲联盟杯赛冠军。

　　1986 年,他率领阿根廷队在墨西哥世界杯的半决赛上,战胜当时称霸欧洲的英格兰队,而被误判的"上帝之手"也于此诞生。随后他们击败比利时和联邦德国,夺得世界杯冠军。

1990 年，他再次带领阿根廷队闯进了世界杯决赛，但输于劲敌德国队而屈居亚军。1994 年在美国世界杯上，他在对方禁区前沿进行了近 20 脚的传球之后，用左脚大力抽射将球打入死角。进球后的马拉多纳飞奔到场地边的一架摄像机前，对着镜头仰天长啸，带着雨滴的摄像机纪录下了这一切，成为当年世界杯的经典瞬间之一。这也是马拉多纳在世界杯上的最后一个进球。

1997 年 10 月 25 日，一代球王退役，阿根廷足协宣布将他的 10 号球衣永久封存。

卡尔·刘易斯：
像欧文斯一样棒的"世界飞人"

　　1961 年 7 月 1 日，刘易斯生出于一个体育世家。运动员出身的父母自办了一家田径俱乐部，他的兄妹们都是俱乐部里的优秀选手。他 7 岁开始练习田径，但一开始他的进步并不明显，父母用培养他兴趣的方式，让他在运动中获得自信，逐步走向成功。12 岁时他在以欧文斯命名的田径比赛中夺得低年龄组的跳远冠军，有幸得到欧文斯的亲自指导和鼓励。从此，他便把欧文斯作为自己的偶像，并立志成为像欧文斯一样的运动英雄。

　　1979 年，刘易斯进入休斯敦大学，在那里遇到了对他影响巨大的泰勒斯教练。泰勒斯发掘了他的强大体能，并为他量身制订了一套训练计划，在教与练的默契配合中他的运动成绩突飞猛进，跳远与短跑的技术都日臻精湛完美。

1981 年起，他开始称雄田坛。1983 年在世界田径锦标赛上，他夺得 3 枚金牌，成为世锦赛的头号英雄。1984 年在洛杉矶奥运会上，他以绝对优势完成了一届奥运会"四冠王"的伟业，重现了欧文斯在柏林奥运动会上创造的辉煌，被人称为"欧文斯第二"。他超越了一个伟大的"欧文斯时代"，开创了一个崭新的"刘易斯时代"。赛后，他把 1 枚金牌送给了欧文斯的遗孀，以示对这位奥运伟人的感激和尊敬，另外 3 枚金牌他送给了自己的父母。随后两年由于伤病等原因他不得不放弃许多比赛。1987 年他再次崛起，在 1988、1992 和 1996 年 3 届奥运会上，摘得 5 枚金牌。1992 年，握有 9 枚奥运金牌的刘易斯被国际业余田径联合会授予该组织的最高奖项——金质勋章。

1997 年他宣布退役。而后倾心于表演、经商和慈善事业。

纳迪亚·科马内奇：
完美让电脑失灵的体操公主

　　1976 年 7 月 18 日，在蒙特利尔奥运会体操赛场上，一个 14 岁的小姑娘以无懈可击、完美无缺的高低杠动作震惊了四座，征服了观众和评委，奇迹般地获得了世界体操史上第一个满分——10 分，从那天开始全世界都记住了她的名字——纳迪亚·科马内奇。

　　完美并非与生俱来而是勤奋苦练的结果。科马内奇 6 岁开始接受体操训练，8 岁时首次在全国体操比赛中亮相，就从平衡木上摔下来，教练告诉她："在胜利之前，必须学会有输的风度。"之后母亲把她的名字改成"纳迪亚"，意为希望。10 岁以后她每天运动量相当于山地滑雪 60 公里~70 公里。父亲说，14 岁的女儿付出的劳动相当于一个平常人半辈子的劳动量。而后希望终于成为了现实。在以后不到 10 年的时间里，

科马内奇在各种国际比赛中获得了几十个满分、数十枚金牌。

1976 年在蒙特利尔奥运会上，科马内奇共获得 7 次满分 10 分，创造了奥运体操史上的完美。人们把这个时刻称为"金色时刻"，科马内奇则被誉为"奥林匹克体操公主"。有趣的是，由于电脑计分没有设置满分的程序而无法显示 10.0 的分数，只能以 1.0 代替。科马内奇的完美表现使得世界体操联合会更改了电脑记分系统。

她在每天 12 小时体操锻炼、4 小时学校学习的紧凑时间中，还成功地掌握 5 种语言（母语、法语、英语、西班牙语和意大利语），是位文武双全的运动名将。1984 年，科马内奇为观众作了最后一次表演，之后宣布退役，同年她荣获奥运会最高荣誉——奥运会精神奖，成为该奖项最年轻的得奖人。至今她仍从事着与体育相关的事业。

布里吉特·费舍尔:
最具传奇色彩的皮划艇冠军

　　1962 年 2 月 25 日,费舍尔生于前东德的勃兰登堡。德国是皮划艇强国,从来就不缺少优秀的皮划艇运动员,而老将费舍尔对于德国人来说,却是一个民族英雄式的传奇人物。

　　她参加奥运会比赛的时间长达 24 年,夺得 12 枚奥运会奖牌(8 金 4 银)。1980 年,18 岁的她夺得了莫斯科奥运会单人皮艇的金牌,成为奥运史上最年轻的皮艇冠军。随后她进入事业鼎盛期,在 1981、1982 和 1983 年 3 届世锦赛上夺得三连冠。但由于前东德的抵制,她缺席了 1984 年的洛杉矶奥运会,这也使她错过了争夺金牌的机会。1988 年,她的奥运夺金之旅得到了延续,她获得了双人和四人皮艇比赛 2 枚金牌。1992 年在巴塞罗那奥运会上,她获得了单人比赛的金牌和四人比赛的银牌。1996 年的亚特兰大奥运会,她获得四人比赛的金牌

和双人比赛的银牌，在单人比赛中她以 0.6 秒之差无缘奖牌。
2000 年悉尼奥运会，她已经 38 岁高龄，但她仍然拿下了四人
比赛和双人比赛的金牌，把自己的奥运金牌数增加到 6 枚，成
为奥运会皮划艇项目上一个不败的女将军。除了奥运会的辉煌
战绩，她还拥有 21 枚世锦赛的金牌。

2001 年她宣布退役，德国人在曼海姆宫殿为她举行了盛大
的退役仪式。2004 年，42 岁的费舍尔重出江湖，参加了雅典
奥运会，她凭借过硬的技术、丰富的经验和不轻易言败的信念
带领队友拼到最后关头，以不到 0.02 秒的微弱优势赶超了强
劲的对手匈牙利队，夺得四人皮艇冠军，而此时距首次夺金已
是 24 年。

杰基·乔伊纳–克西：
全能项目的"女刘易斯"

　　乔伊纳从小弹跳力就很出众，富有运动天赋。上小学时，教练告诉她"国家奥林匹克队有许多短跑、跳远的名将，但是从事全能项目的人却没有几个"。13岁的小乔伊纳决定开始五项全能训练。两年后，她就成为全国少年组五项全能冠军，并连续4年获此殊荣。乔伊纳的跑、跳、投成绩都非常优秀，一些单项成绩达到了世界顶尖水平，是名副其实的女子田径"王中之王"。1980年，乔伊纳考入洛杉矶加州大学，成为校篮球队的主力，逐渐荒废了田径训练。在田径教练鲍博·克西对她体能优势和弱势的客观分析后，她终于又回到了全能的轨道上。

　　1983年她入选国家田径队。1984年，她获得洛杉矶奥运会女子七项全能银牌，并于第二年被评为"世界最佳田径运动

员"。1986年是乔伊纳爱情、事业双丰收的一年，她与教练鲍博·克西喜结连理，又在莫斯科友好运动会上成为田径史上第一个突破7 000分的女选手，打破了长期以来由欧洲独霸女子全能项目的局面。1987年，她在世界田径锦标赛上获得七项全能和跳远两枚金牌，并荣获美国奖励优秀运动员的特别大奖——"沙利文奖"。1988年是她运动生涯中最辉煌的一年。在首尔奥运会上，她获得跳远和七项全能两枚金牌，所创下7 291分的世界纪录，至今仍无人超越。1992年在巴塞罗奥运会上，她卫冕了七项全能的冠军。

1998年她宣布退役，两年后虽短暂复出，但因未获得悉尼奥运会入场券而再次退役。2004年她和乔丹等其他4位美国体育巨星一起入选美国奥运名人堂。

迈克尔·乔丹: "篮球飞人"

1982 年，一个漂亮的进球和一个优美的弧线创造了一个历史性的瞬间，一个接近神话传奇的"飞人"诞生了，他就是上帝创造出来的迈克尔·乔丹。

1963 年 2 月 17 日，乔丹出生在美国纽约布鲁克林一家天主教医院。他是老乔丹五个孩子中的老四。乔丹从小就热衷于各种体育竞赛，是小学篮球队中的一员虎将。高中时乔丹的运动天才日益显露出来，他以为凭自己的本事完全可以进入校队打主力，教练却说："你个子太矮，反应也不快，打篮球的前途不大。"受挫以后乔丹开始苦练技术，每天他都是第一个到场、最后一个退场练球的人，卖命地训练使他打下了扎实的基本功，技术也日见突出。一年之后，他进入校主力队。

1982 年，乔丹带领北卡罗莱纳大学队，在离终场还有 16

秒的最后一刻投中致胜一球，获取美国大学生联赛总冠军。从这一夜开始，乔丹的名字飞向全国。1984年，乔丹加盟芝加哥公牛队，开始了 NBA 之旅。此后8年，乔丹用实力和努力拯救了公牛的惨败票房，凝聚了人气，鼓舞了士气，最终帮助公牛完成了封王大业。1991年到1993年，乔丹带领公牛队蝉联三次 NBA 总冠军。1991年公牛首次封王时，乔丹紧抱冠军奖杯热泪盈眶。为了它，乔丹奋斗了8年，而公牛队则经过了25个赛季的艰苦磨练。

1994年，乔丹的父亲被枪杀，沉痛之余他宣布退出篮坛。1995年3月18日，世界篮坛会永远铭记这一天，乔丹重返篮坛，还给世界和球迷一个惊喜。1996年到1998年，乔丹带领公牛队取得第二个三连冠，再次让世界为之惊叹震撼。1999年1月13日，乔丹在芝加哥正式宣布退役。

谢尔盖·布勃卡: 撑竿跳 "超级飞人"

1963 年，布勃卡出生在前苏联的一个军人家庭。他尝试过很多运动项目，直到 10 岁时考进业余体校，才开始练习撑竿跳高，受教于彼得罗夫。15 岁时为了更好地训练，他与教练一起前往顿涅茨克。布勃卡在训练中非常刻苦，每天除了基础体能训练，还要练习 4 个小时的体操，成绩提高得很快。

1983 年在赫尔辛基世锦赛上，他夺得了体育生涯的首枚金牌。为了这一天，10 年里他撑断过 6 根撑竿，左脚拇指骨折过两次，从数米的高空中跌落下来不计其数，双手经常血迹斑斑。1984 年他在 4 个月内，将自己保持的世界纪录提高了 9 厘米，创造了世界撑竿跳高史的奇迹。从 1963 年到 1991 年撑竿跳的世界纪录总共提高 1 米，而 1983 年以来的 3 年就提高了 20 厘米，布勃卡为此立下汗马功劳。1985 年，他首次突

破了人类撑竿跳的 6 米大关，完成了"向 21 世纪的飞跃"。从此，他成为世界撑竿跳高的领袖。

1987 和 1988 两年，他在参加的所有国内外大赛上一再刷新自己创造的世界纪录。1988 年在首尔奥运会上，他以绝对优势夺得奥运会金牌，成为当时世界上唯一集世锦赛、奥运会、欧锦赛和世界杯冠军为一体的"全冠王"。1990 年他跟教练分道扬镳，而后他接连失利。但一年后，他在人们的质疑中再达顶峰，成为第一个跳过 6.10 米的人。1994 年他创造了 6.14 米的男子室外撑竿跳高的世界纪录，而后两次在世锦赛上夺冠。2000 年他最后一次参赛奥运会，终因伤痛无缘奖牌，黯然退出田径场。

2001 年布勃卡宣布退役，而后当选国际奥委会运动员委员会委员。

马特·比昂迪： “世界快游之王”

1965 年 10 月 8 日，比昂迪出生于美国加利福尼亚州。他少年时执著于篮球运动，非凡的运动素质让他在篮球场上尽展风采。他 5 岁开始游泳，但直到进入大学才接受正规训练。一年后他就取得了突飞猛进的成绩，并很快跻身于世界强手之林，开创了世界泳坛的 “比昂迪时代”。

1984 年，他首次亮相洛杉矶奥运会，摘得了他游泳生涯中的第一枚奥运金牌。1988 年在首尔奥运会上，他迎来了职业生涯的全盛期。在 100 米蝶泳夺金失利后，他包揽了随后 5 个游泳项目的全部金牌，并创造了 4 项世界纪录，成为首尔奥运赛场上最耀眼的明星，被评为当年世界最佳男子游泳运动员。

比昂迪不仅在奥运会的游池中劈波斩浪，在其他游泳赛事上他也所向披靡。1985 年在加利福尼亚举行的全美游泳锦标

赛上，他两次刷新 100 米自由泳世界纪录，成为第一个突破 100 米游泳 49 秒大关的人，被誉为"世界上游得最快的人"。1986 年，他再次创造了 100 米自由泳和 50 米自由泳的世界纪录，并在马德里世锦赛上一人独获 7 枚奖牌。1988 年 8 月，在奥运会选拔赛上，他曾 4 次改写百米自由泳世界纪录。

　　1992 年，他在巴塞罗那奥运会上再添 1 枚金牌，而后退出泳坛。

卡特琳娜·维特：
花样单人滑 "冰上皇后"

1965 年 11 月 3 日，维特出生在前东德卡尔·马克思城。她 5 岁起练习滑冰，7 岁就成为全国少年冠军。10 岁时她拜师于滑冰教练尤塔·米勒，专攻花样滑冰。她每天都要进行 7 个小时以上的练习，刻苦的训练加上对体操、音乐、芭蕾等课程的学习，使她的冰舞技巧和艺术表现力日趋成熟完美。

短短几年，维特就成为世界瞩目的冰上明星。1983 年，她一举夺得欧洲冠军。1984 年冬奥会，她以炉火纯青的技艺稳稳拿住金牌。1986 年的欧锦赛，她在《我很惬意》的舞曲中演绎了纯真少女沦为烟花女的痛苦，出神入化的表演再次技压群芳夺得冠军。1988 年的冬奥会，她和美国选手黛比·托马斯的在自由滑比赛中上演了经典的"卡门对决"，两人被公认是冠军的热门竞争者，恰好她们的自由滑选曲都是经典音乐

《卡门》。维特以精美绝伦的舞技和出神入化的表演最终获胜，更加确定了她"冰上皇后"的地位，成为继挪威的冰上传奇女王索尼亚·海妮连夺 3 届冬奥会金牌后，52 年来第一个卫冕成功的女选手，而且这个纪录一直保持至今。

1988 年在布达佩斯世锦赛后，她退出冰坛。退役后她在服装设计、撰稿评论、电影表演等舞台展示她的才华和魅力。

扬-奥韦·瓦尔德内尔:
世界 "乒坛常青树"

1965 年 10 月 3 日,瓦尔德内尔出生于瑞典斯德哥尔摩。他 6 岁开始学打乒乓球,形成了不服输的性格。在儿时他就被誉为神童,曾赴中国深造。他少年得志、老而弥坚,被誉为"乒坛常青树",赢得无数中国球迷的青睐,人们送给他一个亲切的称呼——"老瓦"。

1979 年到 1983 年,他 5 次参加欧青赛,连续 3 次获得单打冠军。1983 年在东京世乒赛上,他首次遇到了他的"第一代"中国对手、世界排名第二的选手蔡振华,虽然最终败北,但他的技术和状态让世界知道——这位瑞典少年今后将会称雄乒坛。此后 4 年,瓦尔德内尔虽在强大的"第二代"中国对手面前屡屡碰壁,但他并没有丧失斗志,而是不断地总结与中国选手比赛的经验教训,并把自己的心得体会付诸于训练中。

    1989 年在第 40 届世乒赛中，他率领瑞典队战胜中国队，获团体冠军。在单打赛中，他也成为无可争议的男子乒坛新霸主。此后几年，他始终雄居世界男子乒坛之巅，先后夺得 1990 年世界杯和 1992 年巴塞罗那奥运会单打冠军，瓦尔德内尔成了那段时期中国选手一座难以跨越的高峰。

    2000 年在世乒赛团体赛中，他打败了自己从未战胜过的刘国梁，再次震惊世界乒坛。3 位年龄都在 30 岁以上的选手组成的瑞典队战胜中国队夺冠，创造了世乒赛史上的一大奇迹。2004 年，他在雅典以完美的表现在奥林匹克赛场谢幕。2006 年他正式宣布退役。

盖尔·德弗斯:
短距离跑与跨栏完美结合的"女飞人"

1966年11月19日,德弗斯出生在美国西雅图。她从小喜欢跑步,是100米和200米跨栏项目的天才,获得无数荣誉和冠军头衔。

1988年首尔奥运会前,德弗斯被确诊患有甲状腺机能亢进症。她的健康每况愈下,腿部皮肤多处出现溃烂,指甲脱落,一度在死亡线上挣扎,医生建议她锯掉双腿保命。然而,她却凭借惊人的毅力顽强地战胜了病魔,17个月后重返赛场,开始边治疗边训练;但后遗症逐渐显露出来,她的两脚开始肿胀,甚至脱袜子都会扯下一层皮来,但是她从没放弃过训练。20世纪90年代,她在奥运会和世锦赛等赛事的100米跑和100米栏项目上取得了前所未有的成功,成为享誉世界的"女飞人"。人们最难忘记的是1992年巴塞罗那奥运会100米跨栏

决赛那一幕，当时夺冠热门的她被最后一栏拌倒，最终第五个抵达终点。

1998 年她因跟腱扭伤暂别田坛，直到 1999 年才重新参赛，复出后多次在世界级大赛上摘金夺银，成为女子田径短跑项目上的常青树。虽然在 2004 年的雅典奥运会 100 米跑和 100 米跨栏的比赛中颗粒无收，但女飞人的心仍然坚强如钢："在我奋斗过的奥运赛场上，每一次奔跑都是伟大的胜利。"

克里斯汀·奥托：
花样单人滑 "泳坛皇后"

1966 年 2 月 7 日，奥托出生于前东德莱比锡的知识分子家庭。她 9 岁开始接受正规训练，11 岁进入体校。她的童年是在严格而艰苦的训练生活中度过的，伤病的折磨和进步的喜悦是她成长的印记。父母对她宽和有知的教育，培养了她聪慧理性的头脑和知性开朗的性格。16 岁起，她开始参加各种国际大赛，并以大将风度和超群的实力给人们留下了深刻的印象。

1982 年，她初次亮相瓜亚基尔世锦赛，夺得 3 枚金牌。在 1986 年世锦赛上，她又获得 4 枚金牌和 2 枚银牌；同年当选前东德、欧洲和世界最佳女子游泳运动员。然而，正当她走向运动高峰时，一个意外差点葬送了她的前程。1985 年，她在训练中颈部神经不幸受伤，"不宜再从事运动"是医生给她的

诊断，为了重返泳池，她停训治疗 9 个月。当她再次畅游在碧波池中，她忘记了所有的疼痛，更加勤奋努力。自此直到退役，她再也没有离开过"泳坛皇后"之位。

1988 年首尔奥运会，奥托进入泳坛生涯最高峰，一人连夺 6 金创纪录，获金牌数为当届参赛运动员之冠，并且成为在一届奥运会上获金牌最多的女选手，无可争议地坐稳"泳坛皇后"之位。被国际奥委会授予当届奥运会最佳运动员称号。1989 年，奥托在欧锦赛摘金之后功成身退。退役后，她先后加盟了两家电视台，从事与运动和时尚有关的工作。

史蒂芬·埃德伯格："网坛绅士"

1966 年 1 月 19 日，埃德伯格生于瑞典小城瓦斯特维克。他 6 岁时开始在一所网球学校进行初步训练。在教练的鼓励和帮助下，腼腆内向、一直想回家的埃德伯格战胜了自己，进步很快。16 岁时为了专心打网球，作为学校优等生的他毅然放弃了学业。不久，他就开始在国内比赛中夺冠并受到关注。

1983 年，17 岁的埃德伯格包揽了澳网、法网、温网和美网四大网球公开赛的少年组单打冠军，创下网球史的新纪录。随后不久，他开始职业网球生涯。1985 年，他首次在澳网比赛中夺得单打冠军，又与安德斯·加瑞德合作获得双打冠军，同年他们在美网再度称雄。以后 4 年，他屡次冲击世界第一，但都未成功。1988 年他捧回温布尔登大赛的冠军。1990 和1991 年两年，他世界排名第一，并与麦肯罗一起成为澳网公

开赛历史上仅有的两位单打、双打同时世界第一的选手。1991年和1992年在美网决赛中，他又分别击败对手，赢得期待已久的冠军，达到了职业生涯的巅峰。

1996年，30岁的埃德伯格与科达合作赢得澳网的双打冠军后，将网球天下交给了正在崛起的黄金一代，在他退役的告别仪式上，瑞典网协赠给他一架望远镜，赠言写道："你一直作为明星而存在着，现在你终于有了闲情逸致观察远方的星星。"挂拍后，他很少在公共场合露面，一直恪守着做运动员时一样的自律和不饮酒的习惯，在故乡瑞典与爱妻和女儿一起享受家庭生活的宁静。2004年初，他与格拉芙、切尼一同入选网球国际名人堂。

比约恩·戴利:
冬奥会越野滑雪项目的"金牌之王"

　　1967 年 6 月 19 日,戴利出生在挪威的艾维洛姆。少年时期,他希望自己成为一名足球运动员,但后来被教练说服练习滑雪。他所从事的越野滑雪,是冰雪运动中最艰苦的项目。尽管他并没有立刻取得成功,但每年他都在进步;几年以后,他取得了世界滑雪联盟比赛的资格。

　　戴利的冬奥会夺金之旅成就了他金牌之王的美誉。1992 年在法国的阿尔贝维尔,24 岁的戴利第一次站在冬奥会赛场上。由于传统冰雪运动强国挪威,在上届冬奥会无缘金牌,他的任务就是和对手一起为祖国夺取 8 年以来的首枚冬奥会金牌。30公里越野滑雪他紧跟同胞之后,夺取银牌。在随后的混合追逐赛和接力赛中,他夺得个人冬奥会的第 1 枚和第 2 枚金牌。50公里越野滑雪是最艰难的赛事,经过激烈竞争后,他拿到第 3

枚奥运会金牌。两年后在利勒哈默尔冬奥会上，本土作战的戴利在混合追逐赛中成功卫冕，并在 10 公里越野项目中赢得金牌。1998 年的日本长野冬奥会，因为选错滑雪板，他在 30 公里越野赛中只名列第 20 位。在随后的 4×10 公里接力赛中他拿到金牌。他的最后一枚奥运金牌来自 50 公里越野，在经历了 2 个多小时的滑雪后，他以 8.1 秒的优势夺冠。这也是他夺取的第 8 枚冬奥会金牌，是迄今为止获得冬奥会金牌的最高纪录。

1991 年到 1999 年的 5 届世锦赛也见证了他的实力，共获得 17 枚奖牌。2001 年由于背部受伤，他宣布退役。

哈维尔·索托马约尔：
"世界跳高之王"

　　1967 年 10 月 13 日，索托马约尔出生在古巴马坦萨斯的一个普通家庭。10 岁时他进入业余体校进行全能训练。由于他腿长、速度快、爆发力强，跳高成绩十分突出，1982 年教练达亚发现他的跳高天赋，将他招进国家田径队专练跳高。

　　上个世纪 80 年代，他成为当时世界瞩目的焦点，人们亲切地称他为"索托"。1986 年，他以 2.33 米的成绩创造了本国纪录，一跃成为世界一流选手。1988 年在西班牙萨拉曼卡国际田径赛上，他以 2.43 米的成绩首创世界纪录，成为 28 年来第二位打破男子跳高世界纪录的黑人选手。第二年，他又以 2.44 米的成绩再创世界纪录。20 世纪最后 15 年，他曾 20 多次跃过 2.40 米的高度。虽然因古巴抵制，他没有参加首尔奥运会，但实际上他已经成为"无冕冠军"。

　　从 1989 年到 1994 年，他包揽了世锦赛、奥运会、中美洲运动会等重要地区和国际赛事的跳高冠军头衔，接连创造了室内、室外跳高世界纪录，达到跳高生涯的顶峰。1993 年他以惊人的 2.45 米再创男子跳高世界纪录，至今这仍是难以超越的高度，被称誉为"世界跳高之王"。之后，他因伤被迫放弃了许多大赛。直到 1997 年，他又一次在西班牙的萨拉曼卡，跳出了 2.34 米的好成绩，预示着他的竞技状态正在逐渐回升。此后，他又多次在各种大赛中获冠。在艰苦的训练和频繁参赛的同时，他还自修了体育学士学位。

　　2001 年，在田径场上拼搏 20 多年的索托宣布退役。他正朝着音乐经理人方向发展，他还在古巴加勒比海岸的阳光海滩开了一家旅馆。

迈克尔·约翰逊：
田坛"短跑双料王"

1967 年 9 月 13 日，约翰逊出生于一个黑人家庭。由于父母对孩子的学习成绩十分看重，年少时的约翰逊并没有被及时发掘运动天赋，后来他以优异的成绩考入贝勒大学。1987 年大学毕业前夕，校队外出参加 4×400 米比赛，临时缺人拉他顶替，他的短跑才能才被发现。此后，他在教练克莱德·哈特的指导下，开始了短跑生涯。

1988 年，他因腿胫部受伤而没能获得奥运会的入场券。1992 年他在奥运会前两周食物中毒，未获 200 米决赛资格，但在 4×400 米比赛中他取得了第一枚奥运会金牌。截至 1996 年，他连续 7 年在 54 场 400 米国际大赛中保持不败纪录。1996 年在美国奥运会选拔赛上，他以 19.66 秒的成绩打破了沉寂 17 年之久的 200 米世界纪录。并在亚特兰大奥运会上夺得

200 米和 400 米两项冠军，成为奥运史上首个在一届比赛中包揽这两个项目冠军的选手。而他那种挺起上身、扬着脖子的飞奔标志，展示了速度和力量的完美结合，成为赛道上一道独特的风景线，赢得"田坛阿甘"的美誉。1999 年，他在西班牙塞维利亚世锦赛上，打破了保持 11 年之久 400 米世界纪录。2000 年的悉尼奥运会，他再次夺得 400 米比赛的金牌，并成为首位卫冕成功的选手。随后，又与队友一起夺得 4×400 米接力的冠军，将自己的奥运会金牌增至 5 枚。此外，约翰逊还参加了 1991 年到 1999 年的 5 届世锦赛的 9 次比赛，和他在奥运会比赛中只有金牌一样，没有一枚银牌或铜牌。

悉尼奥运会之后，他正式退役。而后投身于体育教育、专业运动员培训以及公益事业中。

纳伊姆·苏莱曼诺尔古：
举重之王和 "袖珍大力士"

1967 年 1 月 23 日，苏莱曼诺尔古出生在保加利亚边境的一个小山村，祖籍土耳其，他早年代表保加利亚参赛。身高只有 1.47 米的他，是个天才型选手，他第一次打破成年人比赛的世界纪录时只有 15 岁，被誉为"袖珍大力士"、"举重神童"。

1983 年，16 岁的苏莱曼诺尔古创造了两个第一：最年轻的男子成年举重世界纪录创造者、最年轻的男子成年举重世界冠军获得者。由于保加利亚抵制了 1984 年的洛杉矶奥运会，他没有参赛，但 3 个星期后他就举起了超过奥运会金牌成绩 30 公斤的重量。同年，他又成功举起自身 3 倍的重量。1986 年，他在墨尔本举重世界杯上夺冠后，宣布脱离保加利亚，加入祖籍土耳其。土耳其为了让他代表祖国参赛，花费 100 万美

元使其成为土耳其公民。1988 年在首尔奥运会上，他以绝对优势为土耳其拿到 20 年来的第一枚奥运金牌。凯旋后，他成为土耳其的民族英雄。之后，他又蝉联了 1992 年巴塞罗那奥运会和 1996 年亚特兰大奥运会两届冠军，成为第一个连续 3 届奥运会夺得金牌的举重运动员。

此外，他还获得 7 次世锦赛冠军和 6 次欧锦赛冠军。上个世纪 80 年代末到整个 90 年代，他在 60 公斤和 64 公斤级举重大赛中 46 次打破世界纪录，几乎创造了不败神话。由于他的优势实在不可动摇，导致他所在级别的选手们纷纷改换级别以求能够有夺得金牌的机会。

2000 年悉尼奥运动会后，他宣布退役。2008 年他作为火炬手，参加了奥运会火炬在土耳其伊斯坦布尔的传递。

亚历山大·卡列林：
古典式摔跤的"西伯利亚熊"

  1967 年 9 月 19 日，卡列林生于西伯利亚。上 7 年级时因为他的长发，曾与父亲发生过争吵，他赌气剃了光头，此后一直保持着这个发型。少年时代他喜欢游泳、滑雪等运动，但后来他被一位摔跤教练选中，在练习中他逐渐喜欢上摔跤。15岁时他在一次比赛中不幸折断左腿，母亲心疼他，扔掉了他所有摔跤用品，阻止他再练下去。但坚毅的卡列林恢复健康后，再次投入到训练中，不久入选国家队。

  从 1988 年到 1999 年，这位被称做"西伯利亚熊"的威猛大汉在任何古典式摔跤比赛中从未输过一场。1988 年，他首次参加奥运会，以不败的成绩进入决赛，最终以 5 比 0 的优势夺取冠军。1992 年他在巴塞罗那奥运会上卫冕成功，比赛过程中只有一名对手坚持到了最后。在 1996 年亚特兰大奥运会

上，他以 5 场比赛 25 比 0 的成绩，成为首个在同一级别中连续 3 次获得冠军的摔跤选手。2000 年悉尼奥运会，他意外惜败于对手，赛后他禁不住流泪，但当他出席颁奖仪式时，所有观众都为他热烈地鼓掌。他回国时数万国人在机场迎接他们心中不败的战神，其中包括当时的俄罗斯总理，他是唯一一个没有取得奥运会冠军，还享受红地毯和总理亲自接机的英雄。

卡列林退役后开始了政治生涯，他 3 次当选俄罗斯国家杜马，为俄罗斯的体育事业做出了很大贡献。2001 年，国际奥委会主席萨马兰奇为他颁发了奥林匹克勋章。

迈克尔·舒马赫："F1 七冠王"

    1969 年 1 月 3 日，舒马赫出生在德国赫尔斯−赫尔姆海姆。他 4 岁时，父亲罗尔夫将一台小引擎装在一辆废弃的卡丁车上给他玩，从此玩卡丁车成为他生活的一部分。后来，罗尔夫在小城的第一条卡丁车赛道工作，舒马赫有了可以驾驶卡丁车的机会。

    1979 年在商人诺克的赞助下，舒马赫得到了第一辆属于自己的卡丁车。由于德国规定超过 14 岁才能参加卡丁车比赛，10 岁的迈克尔只能作为特邀车手参加俱乐部冠军赛，在那里他战胜了所有人。1983 年他拿到许可证，次年就夺得了国内少年卡丁车锦标赛冠军。1985 年他加入阿道夫·纽伯特的车队，再次赢得国内少年卡丁车锦标赛冠军。因为支付不起世界卡丁车锦标赛的昂贵费用，他只能到各地去观看比赛。

　　1987 年，他以极大的优势获得了德国和欧洲两项卡丁车锦标赛冠军，从此正式开始职业赛车生涯。1991 年舒马赫开始涉足 F1，在乔丹车队参加一场比赛后，加入贝纳通车队。从此开始了 15 年的 F1 车赛历程，7 次夺得世界总冠军。F1 大奖赛累计积分达 1 369 分，是 F1 历史上唯一一位积分超过 1 000分的车手。作为 F1 中最年长的车手，舒马赫已经证明了他是当之无愧的 "F1 车王"。

　　2006 年，他在参加最后一次 F1 车赛获得亚军后，宣布退役。

施特菲·格拉芙：
女子网球 "金满贯" 的唯一得主

  1969 年 6 月 14 日，格拉芙出生于德国曼海姆，父母都酷爱网球运动，并经营一个网球俱乐部，全家人的事业、爱好都与网球紧密相关。在父亲指导下，她 4 岁开始学打球网，6 岁便能熟练地击回各种来球，她对网球有着特殊的天赋。12 岁时，格拉芙已经成为同龄人中的世界和欧洲双料冠军。

  1982 年，格拉芙开始职业网球生涯。"世界第一"是她奋斗的目标。为了争当世界第一，她加大了训练强度，一个动作往往要重复上百次。她力争打好每一个球，在发生失误以后，她的态度不是摔拍子，而是聚敛精神，争取打好下一个球。她在艰苦的训练中，顽强地向世界第一的目标冲击。1986 年在冰岛希尔顿角网球大奖赛中，她赢得了首个大赛冠军。稍后，在德国网球公开赛决赛上她打破了纳芙拉蒂洛娃"不可战胜"

的神话。这一年，格拉芙打了100多场比赛，获胜80多场；年底，她的排名已仅次于纳芙拉蒂洛娃和埃弗特位居第三。1987年在法网公开赛决赛中，她再次险胜纳芙拉蒂洛娃，成为法网公开赛年龄最小的冠军，离世界第一更近了一步。

1988年，格拉芙达到全盛时期，她包揽了四大网球赛冠军，在WTA排行榜上第一，成为名副其实的"网坛女皇"。同年在首尔奥运会上她夺得金牌，成为唯一的金满贯女选手。至此，格拉芙终于圆了"世界第一"的美梦。此后的377周她的霸主地位无人挑战。

1999年，她在法网获得职业生涯的最后一个大满贯；同年，退出职业网坛。2001年，她与美国著名网球选手阿加西结婚。2004年她入选国际网球名人堂。

叶涅娜·舒舒诺娃：
"体操锦标赛皇后"

  1969 年 4 月 23 日，舒舒诺娃出生在前苏联的列宁格勒。7 岁时她入选列宁格勒少年体操训练班；一年后，进入中学成年体操队，受教于维克多·加夫里钦科夫教练。舒舒诺娃对体操很有天分，而且她敢于挑战复杂的高难动作，这为她以后的成功奠定了基础。1983 年，她赢得了前苏联体操杯冠军，同年入选国家队。

  1985 年到 1988 年是她事业的辉煌期。1985 年她获得欧洲体操锦标赛个人全能冠军，首次登台便力挫群芳。同年，在世界体操锦标赛上，她以动作难度大、优美惊险、新颖有力而赢得了 6 个裁判的满分，问鼎个人全能金牌，被称为"锦标赛上的皇后"、"无可争议的冠军"。1986 年，她延续了在体操比赛中的主导地位。在北京世界杯上，她和队友包揽了女子比赛

的全部金牌，她自己夺得全能、跳马、高低杠、自由体操 4 块金牌。1987 年，她再次蝉联世锦赛冠军，并在当时的世界大学生运动会上夺得女子体操项目的全部金牌。1988 年在首尔奥运会上，她获得了全能和团体两项冠军，为她的体操事业画上了圆满的句号。

舒舒诺娃退役后，一直留在俄罗斯为国家的体操事业出力。2004 年，她入选国际体操名人堂。

安德烈·阿加西：
男子网球"金满贯"的唯一得主

131

1970 年 4 月 29 日，阿加西出生在美国拉斯维加斯。他的父亲是一名拳击运动员，也是他的启蒙教练。他 3 岁时就开始练习打网球，当时他只有一个网球拍那么高。而后来的成绩证明阿加西就是为网球而生的天才运动员。

1986 年，16 岁的阿加西师从尼克·波力泰尼，正式开始职业生涯。他职业生涯的第一个突破是在 1992 年的温布尔登锦标赛上，他夺取了个人单打的第一个大满贯。从那以后，阿加西在整个职业生涯中，总共获得 60 项冠军头衔，其中包括 8 个大满贯。1996 年在亚特兰大奥运会上，阿加西历经挫折最终站在冠军的领奖台，为他奖牌榜上增添了唯一一枚奥运会金牌。此后，他饱受伤病和感情的困扰而短暂退出。1999 年他在法网夺冠，久违的网坛天才终于走出人生的低谷，而此后他

与格拉芙的美满姻缘也得到了全世界网球迷的祝福。2001年，31岁的阿加西仍然保持着非常高的竞技水平。他在2003年的澳网中夺得冠军，在2005年的法网和美网中也分别进入八强和获得亚军。

2006年在美网公开塞上，阿加西在观众的掌声中结束了他21年的职业网球运动生涯。

阿兰·约翰逊:
刘翔的偶像 110 米栏王

  1971 年 3 月 1 日, 阿兰出生于华盛顿州的一个单亲家庭。成为王者之前, 他饱受了现实生活的残酷磨练。与生俱来的眼疾几乎埋没了他在体育上的天赋, 是母亲的爱和包容给了他无比的动力, 使他走上了成功之路。

  从 1995 年的哥德堡到 2005 年的赫尔辛基, 他在 5 届世锦赛上获得了 4 枚金牌, 而旁落的 1 次冠军是因为他有伤病, 成为统治 110 米栏项目的栏王。他多次在世界级的大赛中夺冠, 11 次跑进 13 秒。1996 年在亚特兰大奥运会上, 他以 12 秒 95 的成绩打破奥运会世界纪录并获得冠军。但此后的两届奥运会, 他都与金牌失之交臂, 在自己的巅峰期, 奥运会成了阿兰永远的痛。

  2004 年, 阿兰在雅典奥运会预赛中摔倒, 无缘奖牌。当摔

倒在地的阿兰低下头时，很多人都替他遗憾难过。然而，当他在雅典世界杯上复出时，冠军依然属于这位不服老的常胜将军，12秒96的夺冠成绩更创下了他10年来最好纪录。此后，阿兰一直活跃在世界田径大赛的赛场。

2008年7月，因为伤病，阿兰无缘入选美国奥运田径代表队，这意味着他将与奥运会这个顶尖级的运动舞台彻底无缘，这也成了他一生的遗憾。

亚历山大·波波夫：

"俄罗斯火箭"

1971 年 11 月 16 日，波波夫生于乌拉尔山脉的一个小镇。与那些从小就展示出过人天赋的泳坛健将不同，直到 8 岁他才克服了对水的恐惧，开始仰泳训练。14 岁他夺得全国青锦赛冠军，17 岁进入俄罗斯国家队。

1990 年，波波夫遇到了国家队教练托洛斯基，开始改练自由泳。第二年，他就在欧锦赛上夺得了 100 米自由泳金牌，当时媒体称"世界泳坛爆出了一位天才的自由泳选手"。托洛斯基把他改造成了自由泳名将，也正是自由泳成就了他的辉煌。1992 年在巴塞罗那奥运会上，他战胜比昂迪摘取了 50 米和 100 米自由泳的金牌，宣告了男子自由泳"波波夫时代"的到来。随后，他在 1994 年世锦赛上以 48.21 秒打破了 100 米自由泳的世界纪录。从此，他在各种重要的国际游泳赛事上，始

终保持不败的战绩，被称为"俄罗斯火箭"。

1996 年的亚特兰大奥运会，他在 50 米和 100 米自由泳中卫冕成功。但一个月后，因为受重伤他在医院躺了 3 个月。当他再次投进碧波池中，1997 年和 2000 年的欧锦赛冠军仍是他的。2000 年的悉尼奥运会，当霍根班德在泳池中的举起胜利的手势时，一个属于波波夫的时代结束。然而，这并不是他神话终结，2003 年在巴塞罗那世锦赛上，32 岁的他击败了泳坛的新霸主索普和霍根班德，再次站到了最高领奖台。全场观众起立长时间鼓掌，从首次在世锦赛上夺冠到最后一次夺冠，整整 12 年。

退役后，他当选俄罗斯游泳协会第一副主席。2008 年他当选为国际奥委会副主席，这名昔日体育明星前途不可限量。

金水宁：

无可争议的"射箭女皇"

  1971 年 4 月 5 日，金水宁出生在韩国首尔。11 岁那年被教练金正洁发现，开始了射箭生涯。在当时的韩国，一个成熟的射箭选手要经过 7 年的艰苦训练。金水宁每天至少训练 6 个小时，要用一张拉力为 20 公斤的弓射出 150 支箭，还要进行跑步和臂力练习。5 年后她在女子射箭队脱颖而出，开始了自己辉煌的人生。

  上个世纪 80 年代，韩国的射箭选手在世界上鲜有对手，尤其是女子射手更是所向披靡。1987 年，金水宁首次参加国际比赛就创造了新的世界纪录，不久又刷新了自己所创的纪录，开始在世界箭坛扬名。1988 年首尔奥运会把射箭列入正式比赛项目，17 岁的金水宁在女子射箭个人比赛中战胜同胞王喜敬和尹映淑，摘得首枚奥运会金牌，又与队友合作夺得团

体冠军。随后，在 1989 年和 1991 年的世锦赛上，她先后夺得个人和团体射箭的 4 枚金牌。从那时起，在赛场上以独特的八字脚、稳如坚石站立的她被誉为"箭坛女皇"。1992 年在巴塞罗那奥运会上，她发挥一般，仅夺得个人银牌和团体冠军。

1993 年，在人们期待她创造更多奇迹时，21 岁的她却退出了箭坛，并于第二年结婚生子。1999 年，已经是两个孩子母亲的金水宁复出，获得悉尼奥运会的参赛资格。她在个人比赛中获得铜牌，带领韩国队在团体比赛中轻松夺冠。她的奥运会金牌也增加到 4 枚，奖牌数达到 6 枚，从而成为奥运会历史上获得射箭比赛奖牌最多的女选手。

兰斯·阿姆斯特朗：
7次环法自行车赛总冠军

1971年9月18日，阿姆斯特朗出生在德克萨斯的普莱诺。两岁时，生父抛妻弃子，母亲给了他一切的爱。母亲后来嫁给了特里·阿姆斯特朗，他随了继父的姓氏。他的童年是在继父的拳头下度过的，但他只选择沉默。这也埋下了他初入车赛时那种张狂气盛、咄咄逼人的个性，原本他选择骑单车就是为了发泄。

最初，他苦练铁人三项，后专攻自行车。1983年，他进入国家青年自行车队。1992年，他转为职业车手，签约摩托罗拉车队。第二年，他在挪威奥斯陆公路赛上拿到了第一个大赛冠军，受到挪威国王的接见。到1995年，他已经成为全美最佳男子自行车运动员。他不断地在各种赛段、赛事上延续成功，却一直没有征服自行车比赛中最艰难的赛事——环法自行

车大赛。

1995-1996 年他连续在美国杜邦赛中夺冠，成为世界排名第一的车手，而后以百万身价签约法国 Cofidis 车队。就在登峰造极之际，他被诊断患有睾丸癌，生存机率低于 3%。在抗癌过程中，他拿出了赛场上所向披靡的勇气，最终他战胜了病魔，也重塑了自我。而后，他一扫以往年轻气盛、横冲直撞的霸气，变得谦和悲悯，绝境重生厚植了他生命的深度。

抗癌成功复出后，他连续 7 次（1999-2005 年）蝉联环法自行车赛冠军，被盛赞为"本世纪体育史上最值得纪念的时刻"之一。当他首度获得环法赛冠军时，他对媒体说："我只想告诉大家一点：若有幸获得重生，你一定要全力以赴。"2005 年他在环法自行车赛中通过终点线的那一刻，宣告了职业生涯的结束。

皮特·桑普拉斯：
网球场上的"手枪皮特"

1971 年 8 月 12 日，桑普拉斯出生在美国华盛顿。他的父母亲来自斯巴达，是希腊裔移民。少年时期，他就在菲舍尔教练的指导下苦练网球，正是菲舍尔将他培养成单手反拍的发球上网型球员。

1988 年他正式成为职业球员。1990 年，他在费城和曼彻斯特夺得首个职业男子单打的冠军头衔；同年在美网决赛场上他击败阿加西，成为最年轻的美网男单冠军。从那时起，桑普拉斯和阿加西的交锋成为 20 世纪 90 年代的网坛经典，而桑普拉斯也成为那个时代具有统治力的球王。

1993 年，他在温网决赛中击败了考瑞尔，夺得首个温网冠军，并在此后又 5 次捧回温布尔登杯。1995 年，他出征墨尔本的澳网，得知远在美国的恩师挚友蒂姆·安内科恩被查出患

上了晚期脑癌，在 1/4 决赛场上，他面对自己的好友同胞库里埃，连续两场落败。第 3 盘开始前，场边有一位球迷大声呼喊："皮特！为你的教练而战，把胜利献给他！"平时如冰山般冷静的桑普拉斯禁不住潸然泪下，留下感人的一幕。而这一幕也成为网球场上永恒的经典。1996 年在美网 1/4 决赛中，处于脱水状态的桑普拉斯在场上呕吐了两次，最终还是凭借强大的毅力夺冠。1997 年到 2000 年，他连续 6 年夺得了年终世界第一的排名。然而，法网比赛一直是他网球生涯的遗憾，最好成绩也只是 1996 年的四强。

2002 年他在美网取得第 14 个大满贯后，结束了职业生涯。

因其·德布鲁因：
短距离游的"荷兰女飞鱼"

1973 年 8 月 24 日，德布鲁因出生于荷兰南部的巴伦德萨。她的父母从事游泳和水球运动。小时候，她尝试过很多体育运动项目，7 岁正式接受游泳训练。17 岁时她在世锦赛上获得团队铜牌，在随后的欧锦赛上获得第一个世界冠军头衔。

1992 年，德布鲁因作为泳坛希望之星参加了巴塞罗那奥运会。但她的战绩并不理想，这次失利使她失望至极而暂别游坛。此后 8 年，她在游泳生涯的黄金期一直处于低迷状态，她也没能获得 1996 年亚特兰大奥运会的参赛资格。沉寂了 8 年之后，她终于开始了游泳生涯的破冰之旅。在悉尼奥运会上，她成为女子短道游泳项目夺冠的最大热门，悉尼见证了她厚积薄发的巅峰状态，她获得了 50 米自由泳、100 米自由泳和 100 米蝶泳 3 枚金牌，成为女子游泳界的一位传奇人物。随后，她

又在 2001 年和 2003 年世界游泳锦标赛中夺得金牌。2004 年在雅典奥运会上，她在 50 米自由泳项目上成功卫冕，这也是她的第 4 枚奥运金牌。

1999 年，她当选为欧洲最佳女游泳运动员，2000 年和 2001 年她两次当选国际泳联最佳女运动员。2007 年 3 月，她宣布退出比赛生涯。

艾盖尔塞吉·克里斯蒂娜："仰泳皇后"

145

　　1974 年 8 月 16 日，艾盖尔塞吉出生在匈牙利的布达佩斯。她 4 岁起开始学习游泳，14 岁就在奥运会上夺金牌，她在家乡比任何一个小明星都出名。

　　1988 年首尔奥运会，她在 200 米仰泳中获得自己的首枚奥运金牌，成为世界泳坛的希望之星。而此时她只有 14 岁、45 公斤，比其他参赛选手都要轻近 20 公斤。1992 年巴塞罗那奥运会成为她职业生涯中最辉煌的一页。她蝉联了 200 米仰泳金牌，又夺取 100 米仰泳和 400 米混合泳金牌，成为女子仰泳第一人，并且在 400 米混合泳中打破了施奈德保持了 10 年的世界纪录。1996 年在亚特兰大奥运会上，她以领先第二名 4 秒 15 的绝对优势卫冕 200 米仰泳的冠军，成为历史上第一位在同一项目上实现奥运三连冠的运动员。虽然她在 400 米混合

泳中只获得铜牌，但是在混合泳的 100 米仰泳上她只用 1 分 01 秒 15，这比当届 100 米仰泳冠军的成绩还要好。她当之无愧地成为"仰泳皇后"。而更为成功的是，她所获得的所有金牌都来自她的个人项目而不是接力赛，这一点至今无人能及。

亚特兰大奥运会后，她退出泳坛。这位匈牙利的"民族英雄"现在是 3 个孩子的妈妈。2006 年 1 月，她应国际奥委会主席罗格邀请，前往洛桑领取国际奥委会发给她的主席特别奖。

迪米特·萨乌丁:
跳水王国的常青树和 "跳水沙皇"

　　1974 年 3 月 15 日,萨乌丁出生在俄罗斯的沃罗涅什。有一年,他在公共汽车上遭到暴徒殴打险些丧命,经过两个多月的住院治疗后,他奇迹般重回跳台,当时他 17 岁,正是体育生涯的黄金期。1992 年巴塞罗那奥运会是他康复后参加的第一场大赛,他获得了 3 米跳板的铜牌。

　　1996 年,他已经成为亚特兰大奥运会跳台和跳板的夺金大热门。在跳板项目上,他遗憾地只名列第五;4 天后,他拿下 10 米跳台冠军。赛后人们才知道,他是带着受伤的手腕上阵的。1998 年在世锦赛上,他一人夺得了 3 米板和 10 米台两枚金牌。2000 年在悉尼奥运会上,双人跳水首次被列为奥运会的正式比赛项目,他与队友一起获得双人台金牌。赛后由于伤病,他一边治疗一边坚持训练,并在 2001 年世锦赛上蝉联

3 米板冠军，他所表现出来的高超的技术和稳定的状态，赢得人们的赞叹和钦佩。2004 年在雅典奥运会上，他在单人板第 5 跳中得到 7 名裁判一致的满分 10 分，赢得全体观众雷鸣般的掌声，虽然只获铜牌，但完美的"世纪之跳"成为永恒的经典。

萨乌丁多年来一直是中国男子跳板项目上的最主要对手，有"跳水沙皇"之称。他是奥运会的五朝元老，是观众心中永远的偶像，更是中国选手钦佩的榜样。他就像乒坛的瓦尔德内尔，成为跳水王国的常青树。而今，他在 2008 年北京奥运会的水立方中喜获银牌，跳台生涯完美谢幕。

希查姆·艾尔·奎罗伊：
统治中长跑项目的摩洛哥霸主

1974 年 9 月 14 日，奎罗伊出生于摩洛哥的贝尔坎。小时候他曾热衷于足球，后来专注于中距离跑，很快显示出过人的能力。他 15 岁进入国家队，一年中几乎所有的时间他都在刻苦的训练中度过。

1995 年到 2003 年，奎罗伊参赛 86 场，取胜 83 场，成为中长跑道上的王者，开创了中长跑的"奎罗伊时代"。他包揽了 4 次世锦赛 1 500 米冠军，历史最好的 8 个成绩中有 7 个就归在他的名下。2002 年，奎罗伊在 11 场 1 500 米和 1 英里跑比赛中保持不败。2003 年，奎罗伊在都灵大奖赛上摘得 3 000 米桂冠，并创造了该项的世界最好成绩。

然而，他的奥运会夺冠之旅却历经坎坷，伴着遗憾和泪水。1996 年，他在亚特兰大奥运会 1 500 米比赛中意外跌倒，

无缘奖牌；2000 年，他在悉尼奥运会 1 500 米比赛中战术失误，再次与金牌失之交臂。赛后，他坐在跑道上痛哭流涕，他说那是他"生命中最黑暗的一天"。直到 2004 年雅典奥运会，他终于圆了梦想。他第一个冲过 1 500 米终点后，激动地跪下亲吻跑道；当他奔向看台抱起 3 个月大的女儿亲吻时，再一次泪流满面。4 天后，他又夺得 5 000 米金牌，成为继"芬兰飞人"鲁米之后的又一位同时夺得这两个项目金牌的双料冠军。雅典是奥运火种开始的地方，是奎罗伊梦想实现的地方，奎罗伊以出色的成绩为自己的职业生涯画上了圆满的句号。

2006 年 5 月 23 日，奎罗伊因病挥泪告别赛场。

大卫·贝克汉姆：足坛完美王子

1975 年 5 月 2 日，贝克汉姆出生在伦敦东区，父亲爱德华是厨师，母亲是美容师。小贝一家人都是曼联球迷，常跟随红魔去客场看球。小时候的贝克汉姆是个出色的越野跑选手，但他钟爱的还是足球。曾因在足球学校表现出色，赢得了一次去巴塞罗那参加训练课的机会。

1992 年，小贝正式成为红魔的职业球员，与吉格斯等人为曼联夺取了青年足总杯的冠军，创造了名动天下的"曼联 92 一代"。小贝身披 24 号球衣，踢右后卫，他俊朗的外表和一脚传中的出色表现至今留在球迷记忆里。1996 年 8 月，他在比赛中以一个中场吊射而"一球成名"，这个球在 2003 年被评为英超 10 年最佳进球。之后，他率领曼联雄霸英超，并在 1999 年夺得三冠王（联赛冠军、足总杯冠军、欧洲杯冠军）。他自

已也一举成为世界上最具人气的足球选手。同年他迎娶爱妻维多利亚，喜得第一个儿子布鲁克林。

2003 年，他与教练弗格森发生了"飞鞋事件"，结束了 10 年的红魔之旅，转会皇马。在皇马他完成了转型，从一名纯粹的右前卫变为中前卫。曾经的黄金右脚和致命弧线因为场上位置变化而不再突出，但球技更加全面。2006 年，他辞去英格兰队队长一职。2007 年，他与美国职业大联盟球队洛杉矶银河队签约 5 年。

泰格·伍兹:
无可争辩的高球王者

1975 年 12 月 30 日,伍兹出生于加利福尼亚州的塞普雷斯。他的英文名 Tiger Woods,字面意思是"丛林老虎",这一霸气十足的名字似乎预言了他的将来。两岁时他就在电视节目上与喜剧演员鲍勃·霍普一起推杆击球,被誉为天才儿童;5 岁时他的名字出现在《高尔夫文摘》上。8 岁到 15 岁,他先后 6 次拿下少年组世界冠军,又 6 次夺得美国业余赛冠军(前 3 次参赛少年组)。

1996 年,伍兹正式开始高尔夫球职业生涯。1999 年末,他以胜出 8 项重要比赛的壮举排名世界第一,成为世界焦点。此后 3 年,进入他的垄断和大满贯时期。他是第一位赢得大满贯的黑人球手,也是最年轻的美国名人赛冠军,曾连续 264 周世界排名第一。他在职业生涯中获得了 30 个 PGA(职业高尔

夫协会）巡回赛冠军，以 64 次美巡赛冠军追平了昔日的高坛英雄本·霍根。

伍兹是永远的冠军，他让黑皮肤成为贵族运动中的贵族，如今这个贵族的帝国仍然在他的统治下。

154

阿列克谢·涅莫夫：完美的体操绅士

1976 年 5 月 28 日，涅莫夫出生在伏尔加河畔的陶里亚蒂。陶里亚蒂是前苏联有名的冰球之乡，然而曾是体操队员的母亲却希望儿子延续自己的梦想。他 5 岁开始练习体操，14 岁就进入了国家青年队。

1994 年在圣彼得堡举行的友好运动会上，他赢得了体操生涯中首枚大赛奖牌——全能金牌。并以高超的技术、优雅的气质和独特的风格在体坛定位，被认为是完美的世界级体操运动员。

1996 年的亚特兰大奥运会，他迎来了职业生涯的第一个高峰，夺得了 6 块奖牌（2 金 1 银 3 铜）。在全能比赛中他与中国名将李小双展开激烈争夺，最终以微弱的差距惜败于李小双。奥运会后，他在世锦赛和欧锦赛等世界大赛中多次夺冠。

4年后，涅莫夫在悉尼奥运会赛场凭借完美的技术和表现力，再次让世界震惊。巧合的是，他再现了4年前的辉煌，夺得6块奖牌（2金1银3铜），其中包括那块分量最重的、曾失之交臂的个人全能金牌，这也是他职业生涯中最重要的一块奖牌。

2004年雅典奥运会，他作为稳定军心的队员，以28岁的"高龄"参赛，他再次获得全世界的尊敬，这也是他最后的告别演出。退役后，他与太太加林娜及儿子一起居住在家乡陶里亚蒂。

艾伦·麦克阿瑟：
当今世界速度最快的单人航海家

1976 年 7 月 8 日，艾伦出生在英国。她 4 岁时随姑妈第一次航行，从此爱上了航海，并且通读了她所能找到的所有航海书籍。13 岁时她用积攒了 5 年的零用钱，为自己买了第一艘小游艇。18 岁时她驾驶自己的小船完成了环绕英国的航行，航海生涯从此开始。

她是目前世界上速度最快的单人航海家。1998 年至今，她创造了单人环球航海的世界纪录（1998 年）和单人连续环球航行的纪录（2005 年）。2002 年她成为欧米茄名人大使时，已经在帆船界取得了骄人的成绩。2004 年，她驾驶着全新的三体船首次全面试航，创造了女子单人横渡的新纪录。2005 年，她一举打破由男性保持的帆船环游世界的最快纪录，以 71 天 15 小时完成了全程 4 万多公里的环球壮举，创下了帆船环球

航行新的世界纪录，震撼了整个航海界。英国女王伊丽莎白二世亲自册封她为"高级英帝国女勋爵士"，她成为英国有史以来接受这项荣誉的最年轻的女性，并荣获第6届劳伦斯最佳极限运动员奖。2006年在环游亚洲纪录挑战之旅中，她和队友在23天内航行了4 505海里，在一个崭新的领域内创造出前所未有的航海神话。

至今，她在大洋中已经航行了24.5万英里，相当于绕地球10周。

罗纳尔多：足坛"外星人"

1976 年 9 月 22 日，罗纳尔多出生在里约热内卢郊外贫民区，出生那天正好是球王贝利宣布退役的日子。小时候他经常在街头踢球。1993 年在恩师雅伊尔津霍的推荐下，他加盟巴西甲级劲旅克鲁塞罗队，60 场比赛射进 58 个球，比球王贝利出道时的成绩还要好；年底他入选巴西国家队。10 年间，他帮助国家队捧回 2 座世界杯和 2 座美洲杯冠军，三度当选世界足球先生。

1994 年，他远赴欧洲加盟荷兰劲旅埃因霍温队，职业生涯从此起飞。仅仅两个赛季，他就踢进了 42 球，大名遍及世界足坛。1996 年，埃因霍温队以天价将他转会到西班牙巴塞罗那队，在西甲他展现了惊人的爆发力和精湛的脚法，联赛出场 37 次攻入 34 球；赛季出场 46 次攻入 42 球，达到职业生涯

的黄金期。一年后，他以 2100 万美元身价被转会到意大利国际米兰队，两度获得世界足球先生的称号，登上国际巨星的殿堂。

2002 年，他帮助巴西队历史上第 5 次夺得世界杯冠军。同年 9 月，他辗转于西班牙皇家马德里队和 AC 米兰队。2008 年 2 月 14 日，他在 AC 米兰主场参赛时膝韧带断裂，至少要治疗 9 个月才能重返绿茵场。

斯维特兰娜·霍尔金娜：
体操台上的"冰蝴蝶"和"高低杠女王"

霍尔金娜4岁就开始了体操生涯，曾因为个子过高，一度不被看好。后来她遇到了慧眼教练伯里斯·皮尔金，在别人的争议中，皮尔金教练坚持训练高个子的霍尔金娜。1994年，她初次亮相欧锦赛，获得鞍马和高低杠银牌，这坚定了师徒二人必胜的信念。此后，霍尔金娜进军奖牌的道路就没有停止过。

她参加了1994年到2004年的所有世锦赛和欧锦赛，共获得22金10银5铜。自1995年以来，她一直保持着在大型比赛的高低杠项目上不败的纪录。在体操历史上，从未有一人在一个单项上有过如此辉煌的战绩，这背后是高个子的她付出的更多艰苦训练。

1996年在亚特兰大奥运会上，霍尔金娜步以完美的表现获

得高低杠冠军。她优雅自信的姿态和完美的表现力打动了全世界，"冰蝴蝶"破茧而出，一个以她的名字命名的女子体操时代开始了。2000 年悉尼奥运会，她继续着在高低杠上的统治地位，被誉为"高低杠女王"。由于场地工作人员的失误，她错失了个人全能金牌。2004 年的雅典奥运会，霍尔金娜在她从未失手的高低杠上摔了下来，当她重新站起来的时候，用微笑诠释了最后的完美，自此告别体坛。

玛蒂娜·辛吉斯：
喜欢马术的 "瑞士网球公主"

　　1980 年 9 月 30 日，辛吉斯出生在前捷克斯洛伐克的小城科西奇。她的父母都是网球运动员，又都是当时的网球皇后玛蒂娜·纳芙拉蒂洛娃的球迷，因此将女儿取名为玛蒂娜。受父母影响，她两岁开始打球，4 岁参加比赛，6 岁时已经能够打败任何 9 岁以下的对手。7 岁时，她随离婚的母亲移居瑞士，开始了辉煌的网球生涯。

　　1993 年到 1996 年，是她网球生涯早期。1993 年，她夺得了法网少年组单打冠军，创造了最年轻的大满贯冠军纪录。1994 年，她成为法网、温网少年组双料冠军，在少年组排名世界第一。当年 10 月，她加入了 WTA（国际女子网球协会），正式开始职业生涯。1996 年，她在意大利公开赛上击败德国网球女皇格拉芙，声名大振。随后，她与苏科娃合作夺得了温网女

双冠军。在当年 WTA 总决赛上，她再次对阵格拉芙，虽然屈居亚军，但赢得了对手及观众的尊重。

1997 年到 2000 年，是她职业生涯的辉煌期。她连续 209 周占据世界第一的宝座，创造了"辛吉斯时代"。1997 年，她在四大满贯赛中全部闯入了决赛，并最终拿下了澳网单打、双打，温网单打和美网单打冠军。1998 年，她蝉联了澳网单打冠军，并实现了双打全满贯。1999 年，她第三次登顶澳网冠军，并在东京、柏林、圣地亚哥等地公开赛上折桂。

2001 年到 2003 年，她因伤几次进、退网坛。2006 年，她正式复出后，在澳网公开赛上夺得混双冠军。2007 年，她正式退出职业网坛。

罗杰·费德勒：
当代网坛的 "瑞士快车"

1981 年 8 月 8 日，费德勒出生在瑞士巴塞尔，8 岁时开始在家附近的 "大男孩俱乐部" 练习打网球。小时候的他争强好胜、脾气暴躁；输了比赛就摔拍子，用球砸别的孩子，还会躲在裁判席后面狠狠哭上半天。校长甚至一度劝说他转投别家门下。然而，伴随着无数次成功与失败的磨练，那个输不起的男孩最终脱胎换骨为一个温文尔雅、宽和谦虚的赛场绅士，时间改变了一切。

1998 年费德勒转入职业网球生涯。他在媒体上被称为 "瑞士快车" 和 "费天王"，以有力的正手、出色的上网和全面的技术被冠以 "桑普拉斯接班人" 的称号。但他并不是一个早熟的天才，在 2003 年拿到第一个大满贯冠军前，他的大满贯赛事战绩仅是两次八强，有 6 次首轮出局的经历，正是夺冠和晋

级的艰难让他在功成名就之后更加珍惜机会，更加懂得如何通过自己的努力去实现对网坛的统治。

2003 年，他首度进入大满贯决赛，在温布尔登拿下生涯的第一座大满贯冠军，成为瑞士新一代网球的领军人物。在 2004 年的单打决赛中，他拥有 10 胜 0 负的完美战绩，首度排名世界第一，至今连续 233 周位居榜首。到 2007 年，他实现温网五连冠，美网四连冠，大满贯总数增加到 12 个，离追平桑普拉斯的纪录只有两座之遥。他在积分榜上比第二名多出将近 2 500 分，球王地位无人能撼动。但法网始终是他的遗憾，最好成绩是 2006 年至今的 3 次亚军。作为一个保持着"老牌"作风的球王，他把温网的草地看做自己第一重要的赛事，因为那里是他的童年梦想——第一个大满贯冠军的实现地。

功成名就后他平易近人。他会陪某些赛事的主办方打友谊比赛，也愿意免费出席一些 ATP 的商业活动，他最常说的一句口头禅便是："举手之劳，为什么不呢。"

叶莲娜·伊辛巴耶娃:
世界上腾空最高的 "撑竿跳女皇"

从 5 岁到 15 岁的 10 年间,叶莲娜一直在家乡的体育馆练习艺术体操。15 岁那年,由于身高猛长而忍痛放弃了体操冠军的梦想。在撑竿跳教练叶甫根尼·特罗菲莫夫预言"她能成为女布勃卡"后,她开始向撑竿跳进军,尽管那时她还不知道布勃卡是谁。又一个 10 年,她伴随着成功与泪水一路走来。

从 1998 年到 2008 年,她 20 次打破世界纪录,成为世界上第一个越过 5 米大关的女性。1998 年她首次亮相国际赛场,越过了 4 米大关却离奖牌还有 10 公分之遥。此后,她不断地挑战自己,1 厘米 1 厘米地前行。第二年在世界青年运动会上,她以 4.10 米的成绩夺得了国际赛事的首枚金牌。2000 年她在世青赛上,以 4.20 米力压群芳夺冠;同年女子撑竿跳高在悉尼奥运会上首次成为正式比赛项目。2001 年她又以 4.40

米的成绩夺得了欧洲青年锦标赛金牌。2002 年在欧锦赛上，她以 4.55 米战胜了自己，却没有战胜对手而屈居亚军，但是她坚信"自己能跳得更高"。

2003 年，她创造了自己的第一个世界纪录 4.82 米，并在翌年的赛事上与竞争对手——同胞费奥法诺娃，展开了相继破纪录的大战。对手的存在使她不断地超越自我，然而伴随竞争而来的敌意也成了残酷的现实。2004 年两人频繁互刷纪录，雅典奥运会这种交锋到达了顶点，当费奥法诺娃在 4.90 米的高度失利后，叶莲娜已成功越过了 4.91 米，稳获冠军并再次刷新世界纪录。自此，她奠定了在女子撑竿跳项目上的霸主地位。

2008 年在北京奥运会的"鸟巢"体育馆，她征服了 5.05 米的高度，再一次向世人展现了她的天分。她说她将来要向 5.15 米高峰挑战，并计划奋战到 2012 年奥运会。

伊恩·索普：
“大脚水怪”和“游坛鱼雷”

169

　　1982 年 10 月 13 日，索普出生在悉尼。他 5 岁就开始练习游泳，天生的资质和刻苦的训练成就了这位天才少年。1996 年，14 岁的他在澳大利亚游泳锦标赛中夺得 5 枚金牌。1997 年上半年他刷新 16 项国内男子游泳纪录，8 月入选国家游泳队，成为国家队最年轻的选手。

　　在 1998 年世界游泳锦标赛上，索普获得 400 米自由泳冠军，成为历史上年龄最小的世界游泳冠军。自此，他在 400 米自由泳比赛中保持不败纪录，被美国《游泳世界》杂志评为“世界最佳男子游泳运动员”。1999 年在泛太平洋游泳赛事上，他 4 次打破 3 项世界纪录，成为光芒四射的泳坛巨星。2000 年悉尼奥运会，他夺得 3 金，却在 200 米自由泳中输给了荷兰的霍根班德，但之后在该项目上他再未失手。索普将 25 万美

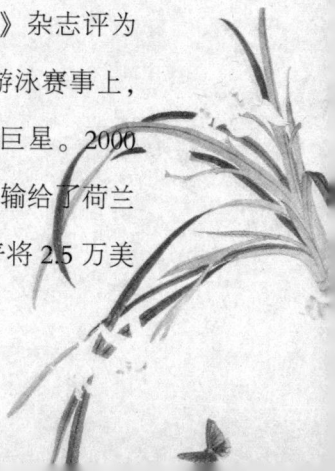

元的破纪录奖金全部捐献给了一个儿童癌症治疗中心。2003年他在巴塞罗那世锦赛上，实现了 200 米自由泳的三连冠。

自从 2004 年雅典奥运会之后，由于受疾病的困扰，他没再参加过任何国际比赛。2006 年，索普带着 5 枚奥运金牌、11 枚世锦赛金牌宣布退出泳坛。他说他只有 24 岁，希望展开生活新的一页、尝试其他的挑战。

迈克尔·菲尔普斯：
英气逼人的泳坛新霸主

171

　　1985 年 6 月 30 日，菲尔普斯生于马里兰州的巴尔的摩。他从小就喜欢游泳，两个姐姐也都是游泳健将。7 岁时父母离婚，他和母亲一起生活，养成了斗志昂扬、永不言败的个性。游泳教练鲍曼发掘了菲尔普斯天才的游泳潜力，鲍曼对他的关爱和引导，让年少的菲尔普斯动力十足，其师徒之谊胜似父子之情。高中毕业后，他几乎每天都在 5 个小时 12 英里的刻苦训练中度过。

　　2000 年他入选美国奥运游泳队，获得 200 米蝶泳第五名，在世界泳坛初露锋芒。2001 年，他在福冈世锦赛上赢得职业生涯的第一个世界冠军头衔。而后，他开始在世界泳坛崛起，成为泳坛最出色的全能型游泳选手。2003 年在巴塞罗那世锦赛上，他 5 次打破世界纪录，获 4 金 2 银，成功蝉联 200 米蝶

泳冠军。2004 年雅典奥运会，他横揽 6 金 2 铜，锐不可当。2005 年在蒙特利尔世锦赛上，他 5 次打破世界纪录、包揽 5 枚金牌。

2007 年的墨尔本世锦赛成了菲尔普斯个人表演赛的舞台，几乎所有目光都聚焦在他一人身上。他独揽 7 金，打破澳大利亚"大脚水怪"索普在 2001 年福冈世锦赛中缔造的 6 金纪录，并改写 5 项世界纪录，至此他已夺得 20 枚世锦赛奖牌，成为游泳世锦赛历史上单届夺取金牌最多的选手。

2008 年在北京奥运会的水立方里，他如愿缔造了 8 金神话，超越了施皮茨的 7 金纪录，成为百年奥运历史上最具传奇性的运动员。

刘长春：中国走入奥运赛场第一人

1909 年，刘长春生于大连一个贫苦家庭。9 岁时，刘长春的母亲去世，父亲在城里做鞋糊口，他则与爷爷住在河口，每天上山放羊。吃穿都很差，更谈不上什么营养，但每天在山上爬上爬下，刘长春从小就锻炼出了强健的体魄。爷爷看他一天天长大，决定送他到城里读书。那时候，刘长春一家住在东关街，学校则在现在的解放广场。

不论是上学还是放学，刘长春每天都是跑去跑回。日子久了，他的速度也练出来了。

小学 4 年级的时候，刘长春参加了大连市中小学运动会，在百米比赛中以 11 秒 8 的成绩一举夺魁。1927 年时，他的百米速度提高到了 11 秒，在大连市已经很有名气了。后来，经人推荐，东北大学邀请刘长春去读预科。刘长春当时已经结婚

生子了，家里需要他打工挣钱，养家糊口。不过，刘长春很愿意念书。为了能到东北大学一圆田径梦，他向妻子撒了个谎，说自己要到公主岭去打工。其实他根本没有投亲靠友，而是直接去了沈阳。

在张学良的资助下赴美参赛

刘长春发表声明，明确拒绝了日本人后，很多爱国学生向ZF提出，中国是否要派运动员赴美参加奥运会？体育界人士向 GMDZF 做了请示，后者答复说，ZF 经济拮据，中国运动员幼稚，因此拒绝派运动员赴美。对于 GMDZF 的这一答复，体育界重要人物不同意，举国民众也不同意。那时候，都快到6月底了。

东北大学体育系主任郝更生致电"中华全国体育协进会"，主席王正廷、董事张伯苓也都认为刘长春应该去。当时，召开全会已经来不及了，二人遂决定，以"中华全国体育协进会"名义派刘长春参加奥运会。不过，经费还是要由刘长春自己筹集。张学良闻听此事后，愤慨地说，这么大的国家，为什么不派运动员参加奥运会？没有钱我出！随即资助 8 000 块大洋。

8 日在上海上船，在海上颠簸了整整 22 天，刘长春才抵洛杉矶。来不及恢复，他就参加了百米预赛。前 60 米比赛中，刘长春一直跑在最前面。但随着体力下降，跑到 70 米时他已

是第二,80 米时落至第三。最后,刘长春只拿到了第四名,无缘决赛。200 米比赛也是一样,刘长春又是刚开始时领先,到最后被落下,以第四名的成绩再次与决赛无缘。

在当时那个年代,刘长春的成绩至少是世界前十名,但在海上漂泊了 22 天,体能消耗特别大。到了洛杉矶后,还来不及倒时差,成绩受到很大影响。失利后,他的心情也比较沉重,感觉辜负了全国人民的重托。

尽管如此,刘长春代表中国首次参加奥运会,这在中国体育史和中国奥运史上也都占有非常重要的位置。正如顾拜旦所说的,"对人生而言,重要的绝不是凯旋,而是战斗,他战斗了,他就胜利。"而且在那种时代,国破家亡的时代,他一个人代表中华民族,去参与了这项活动,这是符合奥林匹克精神的。而对于中华民族来说,关键的不在于胜利,而是他虽然没有取得成绩,但却代表了整个民族首次踏入了奥运赛场。"中国人来了!"这一点,意义重大!

陈镜开：中国破世界纪录第一人

陈镜开，1935 年 12 月 1 日出生于广东东莞石龙镇。1966年毕业于北京体育学院运动系。他是新中国体育开拓者，上个世纪五十年代著名运动员。1956 年 6 月 7 日在上海市参加中国人民解放军和上海市联队与苏联举重队友谊赛，以 133kg 的优异成绩打破美国运动员 C·温奇保持的 132.5kg 的最轻级挺举世界纪录，从而成为中国第一个打破体育运动世界纪录的运动员。1956 年 11 月 11 日在广州参加中国奥运会代表团访穗比赛，以最轻级挺举 133.5kg 和 135kg，连续两次打破举重世界纪录。1956 年 11 月 29 日在上海参加中国奥运会代表团访沪比赛，以最轻级挺举 135.5kg，第四次打破举重世界纪录。1957 年 8 月 6 日在苏联莫斯科参加第 3 届国际青年友谊运动会，以最轻级挺举 139.5kg，第五次打破举重世界纪录。1958

年 9 月 26 日在德国莱比锡参加社会主义国际第一届友军运动会，以最轻级挺举 140.5kg，第六次打破举重世界纪录。1959 年 3 月 14 日在苏联参加莫斯科杯国际举重锦标赛，以次轻级挺举 148kg，第七次打破举重世界纪录。1961 年 5 月 7 日在太原参加全国举重分区赛，以次轻级挺举 148.5kg，第八次打破举重世界纪录。1963 年 4 月 20 日在北京参加优秀运动员比赛，以次轻级挺举 151kg，第九次打破举重世界纪录。1964 年 5 月 18 日在上海参加全国举重比赛，以次轻级挺举 151.5kg，第十次打破举重世界纪录。

陈镜开是中国首批获得运动健将称号的运动员之一，曾 5 次获得国家体育运动荣誉奖章，荣立特等功一次，一等功两次，记功一次，并被推选为第二、三、四、五届全国人大代表，被毛主席接见六次。

为表彰陈镜开为发展中国体育运动特别是举重运动所作出的杰出贡献和致力于奥林匹克运动的推广，国际奥委会授予奥林匹克银质勋章，这是中国运动员第一次获此殊荣。此外，还荣获国际举重联合会授予金质奖章和最高荣誉铜质奖牌。亚洲举重联合会授予金质奖牌和最高殊勋金质勋章。国际健美联合会授予银质勋章和金质勋章，被选为世界举重名人馆成员。获中国举重协会贡献奖金奖。被评为建国 40 年杰出运动员，新中国体坛 45 英杰和"新中国体育 50 星"之一。

陈镜开 1957 年 8 月在莫斯科举行的第三届青年友谊运动

会上的表现，使国际上曾经出现的质疑声停止了。当时，他憋着一股劲要在国际体育赛事上证明自己，而青年友谊运动会正好提供了这样的契机。

在最后一举之前，陈镜开的成绩比主要竞争对手苏联运动员哈里苏少了 7.5kg，当时的形势是如果陈镜开在最后一次挺举中能举起 137.5 kg，就能打破世界纪录，但拿不到本次比赛的冠军，而陈镜开在之前举起 130kg 的重量时，虽然成功，腿部已出现抽筋。当主办方认为冠军非己莫属并将苏联国旗挂在第一名的旗杆上时，陈镜开的心中那种要拿冠军的决心被激发了。当他沉着坚定的在世界面前成功地举起了 140kg 的杠铃时，全场掌声雷动，鲜艳的五星红旗在第一名的旗杆上冉冉升起。

第二天，国际举重和健身联合会秘书长法国的古路先生，向中华全国体育总会发出信函："中国举重运动员陈镜开在 1956 年 6 月 7 日于上海创造的最轻量级双手挺举 133kg 的世界纪录，已经被批准为正式纪录。

郑凤荣：跨越"世界第一高度"

　　1937 年出生的郑凤荣是新中国成立后的女子跳高运动员，山东省济南市人。从小酷爱田径运动。1953 年她代表山东队参加华东区第一届田径运动会的跳高项目比赛，以 1.38 米获得第二名，以 4.76 米获跳远冠军。1953 年被选入国家田径集训队。1954 年全国十三城市大中学生田径运动会上，她以 1.45 米的成绩打破全国女子跳高纪录。在中央体育学院学习期间，她的跳高成绩从 1.48 米提高到 1.61 米，成为我国第一个跳高运动健将。1957 年她在柏林的一次国际田径比赛中，以 1.72 米的成绩获得第一名，跨入了世界女子跳高先进行列。这一年她的跳高成绩不断得到提高，接连跳过 1.73 米和 1.75 米。1957 年 11 月 17 日的北京田径比赛中，她成功地跳过了 1.77 米，打破了由美国运动员 M·麦克丹尼尔保持的 1.76 米的

世界纪录。她因而成为我国第一位打破世界纪录的女运动员，也是我国第一位打破田径世界纪录的运动员，是 1936 年以来亚洲第一位打破田径世界纪录的运动员。

"一位 20 岁的中国姑娘在北京以有力的一跳，向世界田径界宣告，六亿中国人不会永远是落后的选手了。"这是 1957 年 11 月 17 日美联社发布的一条消息。

1957 年 11 月 17 日，初冬的北京原本已有一些寒冷，那天却格外暖和。在北京田径运动会的赛场，看台上坐满了人，穿着白色运动短裤的郑凤荣用娴熟的"剪式"动作先后轻松地跳过了 1.56 米、1.60 米、1.64 米、1.68 米和 1.72 米。横杆升到了 1.77 米，这是比她的身高还要高 7 厘米的高度，也比美国运动员麦克?丹尼尔在 1956 年夏季奥运会上创造的 1.76 米世界纪录高出了 1 厘米。

这已经是郑凤荣第四次冲击世界纪录。第一次试跳，因为步点没有踏准，没有成功。第二次，郑凤荣专注于动作的每一步要领，助跑，起步，抬腿……"像灵巧的燕尾一剪，像轻轻的一片云，北京的阳光照着静静的横杆，她越过了世界的峰顶。"试跳成功了！这纵身一跃被永远地载入了中国及世界体育史册。郑凤荣成为第一个打破田径世界纪录的中国人，也是第一位打破世界纪录的中国女性。

"终于破了！"郑凤荣默默离开了赛场，泪花在眼睛里打转儿。说起成功原因，郑凤荣说，吃苦是最大的秘诀。她认为在

训练中科学地学习创新也很重要。"齐白石先生有句话，'学我者生，似我者死。'学习别人一定要创造，不然你永远也不可能超越。"

穆祥雄：中国"蛙王"

穆祥雄是中国游泳泰斗穆成宽次子、中国泳坛"穆家军"的主将，被誉为世界"蛙王"。

穆祥雄，天津市北辰区天穆村人。1935 年生，回族。自幼体格健壮，好学上进。在父亲的教导下，专攻蛙泳，尤其擅长潜泳。

1953 年 7 月，穆祥雄入选国家队，到莫斯科参加国际青年运动会游泳选拔赛，以 2′25″4 打破男子 200 米蛙泳全国纪录。从 1954 年开始到 1956 年，穆祥雄在国内外蛙泳比赛中多次夺金掠银，仅 1956 年就赢得 100 米和 200 米蛙泳 9 项（次）国际游泳赛事冠军。1956 年墨尔本奥运会后，国际泳联规定"正式比赛不准用潜泳"，并对原世界记录不予承认。这对一次潜泳四五十米的穆祥雄来说，无疑是巨大损失。但他没有退

缩，在父亲和教练的帮助下，很快摒弃自己的潜泳特长，探索出"半高航式"技术动作，获得成功。期间，他曾赴匈牙利学习、训练。回国后，1958 年 12 月 20 日，他在北京举行的游泳比赛中，以 1′11″4 的成绩创造禁止潜水以后的 100 米蛙泳世界纪录。8 个月后的 1959 年 8 月 30 日，以 1′11″3 的成绩再次刷新自己保持的 100 米蛙泳世界纪录。1959 年 9 月 17 日，在第一届全运会 100 米蛙泳决赛中，又以 1′11″1 的成绩第三次打破世界纪录。《中国青年报》报道说："这种在短时间内三次打破自己创造的高纪录的事例，在世界游泳运动史上是罕见的。这次消息一发布，游泳馆立即响起了暴风雨般的掌声，掌声持续达一刻钟之久。"在上世纪 50 年代全国性游泳比赛中，他 7 次摘取 100 米蛙泳比赛冠军，7 次获得 200 米蛙泳比赛冠军，被誉为"蛙王"。

1963 年，穆祥雄受命担任国家游泳队教练。在后来的几十年来里，他得到许多令人羡慕的荣誉：1959 年，国家体委授予他国家体育运动荣誉奖章。1986 年，当选全国优秀游泳工作者。1987 年，被评为全国最佳教练员。1988 年 12 月，在广州举行的第六届全运会期间，跻身全国 20 名功绩卓著的最佳教练员称号者行列。1989 年，被评为全国十佳教练。1990 年，应邀为北京亚运会开幕式护旗。1994 年，在建国 45 周年之际，被评为新中国成立以来体育界 45 名杰出运动员之一。

如今，"蛙王"穆祥雄虽然早已退出赛场，但仍活跃在泳

坛，而以他的经历为背景影片、图书、电视纪录片等仍在出版播放。2003 年在天穆村创立"穆祥雄游泳培训中心"，2005 年改称"穆祥雄游泳俱乐部"，每年将二三百名学龄前儿童聚拢在身边，悉心调教，为延续中国泳坛"穆家军"的辉煌继续发挥着自己的光和热。

倪志钦：打破男子跳高世界纪录

　　上点儿年纪的中国人都记得，一位叫倪志钦的年轻人在新中国初期的体坛上耀眼的光芒不亚于如今的"刘翔"。这位"跳高第一人"已经消失在公众视野外很久了，即使是曾以他为骄傲的家乡福建，也十多年没有他的消息。再次出现在公众面前的他，于 2007 年 11 月，福建省汽车运动联合会成立之时现身，此时他已荣任会长之职了。

　　1966 年，在柬埔寨金边参加亚洲新兴力量运动会上，倪志钦以 2.27 米夺得金牌，在跳跃 2.14 米前甚至连线衣线裤都没脱。"那时候世界纪录已经在我掌握之中了。"倪志钦说那段时间自己的状态非常好。

　　1970 年 10 月后，重返赛场的倪志钦开始到各地方比赛，只要他到的地方，就组织运动员和他一起比赛。两三天就是一

场，频率很高。11 月 8 日，在长沙的贺龙体育场，倪志钦越过了 2.29 米。

这次打破世界记录引起全国轰动，但由于当时的中国还不是国际奥委会和国际田联的成员国，倪志钦的成绩并没有得到国际田联的承认，在世界记录的名册上自然也没有倪志钦的名字。

1987 年，国际田联成立 75 周年的庆祝大会上，评选出了"世界田径史上最杰出的 38 位运动员"，倪志钦位列其中，这是中国内地唯一获此殊荣的运动员。国际田联也将永久地把中国田径运动员倪志钦载入世界田径史史册。

2007 年 11 月，在倪志钦的牵头组织下，福建省汽车运动联合会成立，倪志钦出任会长。这也是自 1995 年因受贿罪被判刑后，他第一次出现在世人面前。而关于他的新闻此前是难以见诸报端的。倪志钦的夫人，上世纪六七十年代的短跑名将贺祖芬告诉媒体，这是倪志钦少有的几次接受媒体采访。没说几句，她不禁讲到丈夫所受的冤枉，并泣不成声。倪志钦则在一旁安慰老伴"以前的事情就不要在提了"。他的身体看上去还不错，却已被六七种疾病缠身。66 岁的他保持着闽南男人特有的豪爽，他很高兴在老百姓，各级领导眼中，自己还是当年那个倪志钦。福建人民又看到了那位曾让他们骄傲的想念已久的体育骄子，倪志钦，还是那天赋超群，打破世界纪录的倪志钦，再次回到他所热爱的福建体育事业上继续奋斗，在新的起点上挑战新的高度！

许海峰：中国第一位奥运冠军

1975 年出生的许海峰来自安徽，高级教练。1982 年进入安徽队从事射击运动，1983 年进入国家队，1984 年在洛杉矶奥运会上夺得男子手枪 60 发慢射金牌，实现中国选手在奥运会上金牌"零"的突破。在亚运会，世界杯等国际大赛中多次获得金牌。1994 年底退役后，1995 年开始担任国家射击队女子手枪主教练，后任国家射击队副总教练，2001 年 3 月担任国家射击队总教练。2003 年 5 月出任国家体育总局射击射箭运动管理中心副主任；2004 年 12 月担任自行车击剑中心副主任。

在许海峰做总教练两年的时间里，中国射击队的成绩稳中有升，中国射击队在 2002 年度成为一支不败之师。在 2002 年芬兰举行的世界射击锦标赛上，中国射击队战果辉煌，囊括

17 枚金牌，并打破 5 项世界纪录和 4 项青少年世界纪录。在釜山亚运会上，他们更是一枝独秀，获得 27 金牌，并打破 3 项世界纪录平 1 项世界纪录，成为中国代表团第一夺金大户。

"要想打好枪，先要做好人"。这是许海峰对自己的要求。初次和许海峰见面的人，都觉得他是一个不苟言笑的人。但了解许海峰的人都说他是一个"外冷内热"的人。许海峰也承认，自己不是一个很会应酬的人，尤其是和自己不投机的人，他讲话很少。但是和自己谈得来的人，还是很有话说的。队里刚来的运动员，开始都觉得许海峰很严厉，但随着对他的了解，他们觉得这个许教练其实是一个很随和的人。队里不管是教练员还是运动员有了生活或工作上的困难，都愿意找他帮忙，他也是尽最大的努力去帮助别人。

作为中国历史上第一枚奥运会金牌的得主，以及他对中国射击事业所做出的贡献，他在中国射击界有很高的威望和知名度。但他从未以此来炫耀过，而是在射击事业上默默耕耘。他经常告诫自己："在待遇和荣誉面前要满足，但对事业和工作上要永远不要满足。"

众所周知，中国射击队并不是一支备受社会和媒体关注的队伍，队伍的赞助不多，教练员和运动员的待遇也不高。近些年，不时有一些国家出重金聘请许海峰到国外执教，但都被他婉言谢绝了。他说的道理很简单："我很爱国，我不想带着其他国家的运动员来打我们自己的运动员。"

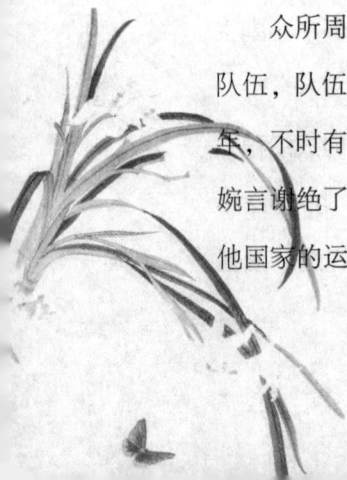

2003年，许海峰在"中国体育电视奖"的评选中，获得"最佳教练员奖"，并被推选为全国政协委员。对这些接踵而来的荣誉，他自己并不满足，"我眼前永远是一座座的高峰，登上一个高峰后，还要有新的高峰去攀登。"

荣高棠：中国体育之子

荣高棠同志原名荣千祥，1912 年 5 月生于河北省霸县。早在中学时期，他就受到民主进步思想的启蒙教育，向往革命。1932 年，他考入清华大学外语系。1933 年春，加入中国共产主义青年团，曾任清华大学团支部书记、北平西郊区团工委书记。1936 年，加入中国共产党。1937 年，七七事变发生后，当年 8 月他就离开北平，跟着学生移动剧团流动演出了一年，后来又去了延安，一直从事青年运动。

1949 年进入北京之后，当时在共青团中央任职的荣高棠就全力投入到新中国体育运动事业中，担任了中华全国体育总会副主席。

1952 年 7 月，以荣高棠为团长的中国体育代表团参加了在芬兰赫尔辛基举行的第 15 届奥运会。同年 11 月，中央人民

政府正式成立了体育运动委员会，荣高棠任秘书长。1954 年，他被任命为国家体委副主任，协助贺龙负责全国体育事业。

1979 年荣高棠恢复工作，重新担任国家体委副主任。从 1981 年 8 月起，他担任国家体委顾问。其后二十多年中，他还活跃在体育战线上，是他，挥动了中国高尔夫的第一杆；也是他，一直担任着中国桥牌协会的领导，为中国桥牌界夺取第一个世界冠军不断努力着。

荣高棠在 1979 年才重新恢复工作，担任国家体委副主任。可不到两年后的 1981 年 2 月 16 日下午，荣高棠却说，"我要退下来。"接着他推荐 38 岁就已经是体委副主任的李梦华当体委主任。他的职务，变成了国家体委顾问。

荣高棠去世之前唯一保留的与体育有关的头衔，就是中国桥牌协会主席。因为邓小平有一个遗愿，就是希望中国桥牌队登上世界冠军宝座，这件事荣高棠一直放在心上。今年 6 月在意大利举行的第 8 届世界桥牌锦标赛上，中国男子桥牌队在公开双人赛决赛中获得首个世界冠军。这个消息传到荣老耳中时，他高兴异常。

当然，在他去世前更为关心的是 2008 年奥运会的筹备情况和中国体育发展的现状。他有个心愿，到 2008 年北京奥运会的时候，自己可以要到现场去当"啦啦队"。然而，就在 10 月，荣高棠却得了一场感冒，随后发展为肺炎，老人家的身体状况迅速恶化。医院下达了病危通知书。他的老秘书去看望

他。"当时他已经处于时而昏迷时而清醒的状态了，我们去的时候，他正在昏迷中。我拉着他的手说：'荣老，你可不能走啊，你不是跟大家说好了吗，2008 年之前，谁都不许走，还要去奥运赛场给中国队当啦啦队呢。'"话音刚落，昏迷中的荣高棠居然慢慢睁开了眼睛，还费力地抬了抬手。显然，他已经听到了这句和奥运有关的话，到这个时候，他的心里，依然是体育，是奥运会。

马克坚：中国足球改革之父

1936 年出生在云南的马克坚，16 岁进入了国家队，是新中国第二代国脚，他经历了国足向世界杯的 7 次冲击。1954 年，马克坚入选西南青年联队来到四川，后来成为四川足球队的主力门将。

从 1992 年起，马克坚成为了中国足球职业化改革的核心人物之一。他参加了著名的"红山口会议"，并亲自起草了有关中国足球职业联赛和俱乐部体制的改革文件。最终见证了中国男足球冲出亚洲、进军世界杯的历史时刻。

之后，马克坚一直辅佐王俊生，成为中国足协"军师级"人物。同时，他还长期担任国家足球队技术顾问，亲自参与了施拉普纳、霍顿和米卢三位中国队前任主帅的签约。马克坚在当代中国足球历史上具有非常特殊的地位——他是新中国第

二代国脚，曾在守门员岗位上效力 10 年；退役后转入国家体委工作，后来又到中国足协任职，前后近 50 年。因此，他也被称之为"中国足球的活字典"。

在他离队前，也就是球队出发去昆明的前几天，队员们都清楚行程了，却一直没有人告诉他该何时动身。直到临出发前一晚，主管国家队的中国足协副主席南勇才很为难的通知他：根据领导的研究，从这次世界杯备战开始，队里将不再设技术顾问这一职位。

"我明白了，我七次冲击世界杯的努力终于划上了句号，足协做出这个决定，一定有理由。但是，我没有得到任何解释……"虽然表示服从安排，但马克坚还是特别伤感。米卢也知道了这个消息，有些怏怏，安慰把自己请到中国来的这位老战友："没什么，我请你去韩国，一切由我负责！"

马克坚对米卢的好意不置可否，只握住对方那双大手，幽幽地说："我们是与风险相伴的人，不仅仅是七次冲击世界杯，还有奥运会，还有世青赛，还有足球改革……一切，似乎都该就此停止……"

就在那之后的一段时间，把大半辈子都奉献给了中国足球的这位老人终于"闲"了下来，开始陷入回忆。而回忆往往是一个巨大的宝库，虽然记得的往往只是一些瞬间。他并不埋怨谁，觉得足协领导已经给了他足够多的机会，甚至在退休后还交给了他许多工作。不随队出征的这段平静的日子里，决定把记忆中的一些东西写出来，献给关心足球的人们。

于是，便有了他晚年的那部书——《我离中国足球最近》。他写得很平静，但平实的文字中，却道尽了中国足球的风风雨雨和惊涛骇浪。

在那里面，骂中国足球的很多，骂他本人的绝对不少。但马克坚从不后悔。对他来说，走进足球界本只是一次算不上刻意的选择，也曾有过徘徊，但终于还是义无反顾地走到了今天。他深以为幸的是，中国足球最大的两件事情——足球改革和进军世界杯，他都全程参与了，这就已经足以让他欣慰。

钱澄海：中国篮坛教父

1934 年出生在浙江鄞县。他 15 岁开始打篮球，多次入选国家队，作为场上核心后卫，他的跑动、快速短传、击地妙传，给人留下深刻印象。尤其他在运球突破中减速跑投，在当时堪称绝技 1952 年参加中国人民解放军。1955 年入选八一队。同年被选入国家队。1959 年加入中国共产党。历任国家男子篮球队教练、副总教练，国际篮球联合会世界教练员协会副主席。

"老教头"钱澄海是中国篮坛的传奇人物，是中国篮球 50 杰之一。钱澄海当运动员时很有些名气，曾长期担任国家队队长。他球艺娴熟，善于发动快攻，急停跳投准确，是一位攻击力强的后卫，在国际重大比赛中发挥了重大作用。通过摸索、实践，钱澄海明白了中国人应该怎样打篮球，总结出了中国篮

球哲学。他说："我们虽然个子小，但运用了紧逼、快攻、跳投这三大法宝，发扬快速灵活的特点，也形成了自己的风格。"从那时起，中国男篮开始努力寻找自己的篮球之路。

1972 年，他当上了国家队的主教练，将中国男篮调理的有声有色。针对世界不同强队，组织不同打法，使中国男篮在亚洲确定了霸主地位。他也成为 80·90 年代的全国十佳教练员之一。直到 1988 年汉城奥运会结束，老爷子才收山。钱澄海可以说同 NBA 接轨的第一位中国教练。1985 年 NBA 常规赛季开始前，钱老爷子就带领中国国家篮球队与多支 NBA 球队中进行了系列表演赛。另外前芝加哥公牛队主教练埃德?巴杰尔及前新泽西网与明尼苏达森林狼主教练比尔·布尔，在纽约于 1985 年 9 月 24 日至 10 月 27 日为中国国家队举办了训练营。与中国国家队进行表演赛的 NBA 球队有:芝加哥公牛、克里夫兰骑士、印第安纳步行者、新泽西网、纽约尼克斯、费城 76 人和华盛顿奇才 (当时的子弹队)。

一系列的交锋中，中国男篮一场未赢，也是从 1985 年开始，中国篮球的前辈们开始了思考中国篮球的未来。当时的阵容是参加 1984 年洛杉矶奥运会的原版人马，他们包括王立彬、匡鲁彬、郭永林、吕锦清、孙风武、李亚光、张斌、刘建立、胡章保、王海波、耘照光、黄云龙。可以说当时 NBA 的运作和球技让"钱澄海版的中国男篮"感到了世界篮球界的日新月异，同时也清楚地认清了自身的缺点和需要加强的地方。

戴廷斌：天堂里多了一位排坛教父

　　1939 年出生的戴廷斌，于 2007 年 11 月 18 日辞世，终年 68 岁。作为中国排坛的元老级人物，他曾经开创了"前飞"、"背飞"等高难度技战术。

　　戴廷斌是我国排坛著名资深教练。他曾率领中国男排进入鼎盛时期，先后夺得两次世界杯赛第 5 名和两次世锦赛第 7 名。他开创了"双快一游动"以及"前飞"、"背飞"等高难度技术、战术，后被各国运动员广泛运用。他任中国男排主教练期间，培养出了汪嘉伟、沈富麟和胡进等一批明星球员。

　　由于中国男排始终未闯过世界三强，排球圈外了解戴廷斌的人并不多，其实这位名宿曾率领中国男排长时间称霸亚洲，戴廷斌时代的中国男排被公认为国际排坛一支具有相当实力的劲旅，其对男排国家队的贡献至今无人超越，他称得上是

中国男排的"教父"。

1976 年，来自福建的戴廷斌被任命为中国男排主教练，与他同龄的袁伟民则同时执掌中国女排帅印。当时的中国排球刚刚进入第二次创业时期，戴廷斌招入了汪嘉伟、沈富麟、胡进、侯杰等一大拨青年才俊。锐意改革的他在坚持中国男排快速打进的前提下，狠抓进攻和拦网技术，并大胆创造了"前飞"、"背飞"、"拉三"、"拉四"等新的快攻体系，使快攻趋向立体化，这一系列战术不久在国际比赛中收到明显成效，中国男排在 1977 年第三届世界杯男排赛、1978 年第九届世界男排锦标赛上分别获得第 5 名、第 7 名，跻身国际排坛一流强队之列。仅仅在三四年前的 1974 年第八届世界锦标赛，中国男排仅排在第 15 名，上升幅度之大一目了然。

1982 年秋，中国男排飞赴阿根廷参加第 10 届世界锦标赛，当时中国女排刚刚在秘鲁夺得世锦赛冠军，实现"二连冠"，这一成绩大大鼓舞了戴廷斌和队员们的士气。事实上，82 年版的中国男排仍处于鼎峰期，世锦赛开幕前在巴西举行的第一届小世界杯赛，中国男排战胜了一大批世界劲旅后跻身四强，半决赛与世界霸主苏联队狭路相逢，此役虽以 0:3 失利，但每局比分均是 12:15，惊出苏联队一身冷汗，最终名列第三。赛后，苏联队主帅普拉托诺夫认为，中国男排极有可能在阿根廷世锦赛上夺得奖牌。

然而，命运与戴廷斌又一次开了个不小的玩笑。复赛中，

中国男排先后出人意料地负于近几年一直未胜过自己的球队——日本队、阿根廷，将四强位置拱手相让。和前两次受挫经历不同，兵败阿根廷缘于中国男排将士在关键场次过于看重胜利，自己打败了自己。回国不久，戴廷斌引咎辞职。

从国家队主教练的位置退下来后，戴廷斌仍致力于中国男排的复兴事业，经常为汪嘉伟、邸安和、周建安等新一代男排主帅出谋划策。令人遗憾的是，曾一手创造中国男排一系列历史之最的戴廷斌却无法战胜病魔的侵袭，未及七旬的他过早地离开了人世，离开了他奋斗一生的中国排球事业。

但愿新一代中国男排将士尽快从低谷中走出，早日冲出亚洲、走向世界，告慰九灵之下的一代名帅——戴廷斌。